JN023588

宮川公男 著

計量経済学入門

丸善出版

まえがき(改版)

　この本は計量経済学の基礎知識をわかりやすく解説すること
を目的として書いたものです.

　あらためて強調するまでもなく, 現代の経済学を理解し, そ
れを実践的に応用するには, 計量経済学の知識が欠かせませ
ん. 計量経済学の助けを借りることにより, 私たちは現実の経
済の動きを「数量的」に理解し, また予測することができま
す. 現在では, 政府や企業の政策や計画が計量経済学の力をい
ろいろと利用しているのも当然のことといえます. たとえば毎
年発表される政府の『経済白書』でも計量経済学の方法が広範
に用いられており, 計量経済学の基礎知識なしに白書を十分に
理解することは不可能です.

　この本の初版は昭和41年に刊行されましたが, 幸いにして
多くの読者を得て今日までに二十数回印刷を重ねることができ
ました. この間計量経済学の普及には目ざましいものがあり,
コンピュータの進歩と普及とも相まって, 今日では経済学を学
ぶ人たちにとってはほとんど必修的な科目になるとともに, 広
く実践的利用に供されるようになっています. このような背景
において, 今回この本の旧版をあらためて検討し, 徹底的に書
き改めることとしました.

　今回の改稿にあたって私が主なねらいとしたのは次の3点で
す. 第1に, 基礎的な事がらに重点をおき, 旧稿の説明をより
丁寧に, よりわかりやすく改善することです. そのために, た
とえば回帰に関する統計的推測の解説などは大幅に分量を増や
しました. 第2に, わかりやすさとともに正確さをも追求する
ことです. しばしばやさしくするために正確さが犠牲にされて

いる場合があり，時に誤った叙述すらなされることがあります．本書では，このようなことがないよう十分に気をつけました．第3に，計量モデルの分析手法に重点をおき，実践性をより高めることです．そのために，旧版のⅡ部の経済モデルを大幅に圧縮し，かつ根本的に書き改めて実践的モデルの解説とするとともに，連立方程式モデルを扱った章も大幅に減ページし，かわりに10章の計量分析手法の内容を充実させました．

　本書では計量経済学を理解するために必要な経済の数学的モデル（経済理論を数学的方程式に表わしたもの）と，近代統計学についての基礎的な知識を事前に読者に要求することなく，それをも含めて解説してあります．このような小冊子を，読者に予備知識をほとんど要求せず自己完結的なものとすることは，かなり難しい作業でした．本書にはかなり多量の数式が出てきますが，私がとくに数式が苦手と思っておられる読者に望みたいことは，見かけだけで数式を難しいと早合点しないで頂きたいということです．数式は多少の約束ごとの上に書かれているもので，それさえ理解すればきわめて効率のよいコミュニケーションの手段であるからです．ほんの少し辛抱強く読んで頂けば本書は決してわかりにくくないと思います．

　本書はページの順に読むのも一つの読み方ですが，読者によってはⅠ部からⅢ部に移り，8章まで読んでからⅡ部へ戻り，その後9章以後を読むというのも一法です．いずれにせよ，一般にわかりにくいと思われている計量経済学の入門書として本書がどれくらい成功しているかについて，読者からのきたんのない御批評を期待しています．

　　　昭和57年5月

　　　　　　　　　　　　　　宮　川　公　男

復刊まえがき

　本書ははじめ，日本銀行統計局で著者が行った講義をもとに同局でまとめられた講義録『やさしい計量経済学』を大幅に書き足して日本経済新聞社から『計量経済学入門』と題して1966年に刊行されました．その後，版を改めたものを底本として今回丸善出版から刊行するものです．日本経済新聞社での改版は，そのまえがきにあるように初版を大幅に改訂したもので，入門書としてはそれ以上の高度なものは望めないものになっています．したがって，本書は底本に最低限のわずかな修正を加えたものになっています．また，本書で使われる数値や用語などは刊行当時の経済統計をもとにしています．本書で学んだ計量経済モデルを，ぜひ現在の経済統計をよみとくために活用してみてください．それにより本書の理解がより深まるでしょう．

　　2024年3月

　　　　　　　　　　　　　　　　　宮 川 公 男

目　　次

I 計量経済学序説

1 計量経済学の背景

§1 計量経済学とは

　現代の経済学の一つの大きな特徴は，理論の展開のために数学的方法の力を借りることが非常に多いことです．経済学者のなかには，経済の構造や動きについての自分の考え方や理論を表わすのに好んで数式を用いる人が非常に多くなっています．

　数式を用いることには，自分の考えにあいまいさを残すことなく人に伝えることができること，また，前提から結論を導くプロセスがはっきりし，また能率的になることなどの利点があります．このような数学的方程式を用いて表わされた経済理論を，経済の数学的モデルあるいは単に**経済モデル**といいます．現代の経済学では，理論という言葉よりもモデルという言葉をよく用いますが，モデルといえば「数学的なかたちで表わされた理論」と解釈してもほぼまちがいありません．

　現代の経済学のもう一つの特徴は，それが数量的モデルを重用することです．数量的モデルとは，単に代数的に操作されるだけではなく，数量的計算が可能であるようなモデルを意味します．このようなモデルによって，経済の動きを，単に定性的にだけでなく，定量的に追求することができますし，また将来の予測を数量的に行うことができることになります．とくに，経済政策の効果を数量的に予測することができることになって，経済理論が経済政策の策定に十分に役立つことができるようになるわけです．このようなモデルを**計量経済モデル**（econometric model）あるいは簡単に**計量モデル**と呼びます．

　計量経済モデルは経済モデルを統計的方法によって計測することによって求められます．この場合に経済データが材料として用いられます．そこで「**計量経済学**（econometrics）とは，

経済的関係を経済データから統計的方法によって計測すること
を基本的役割とする経済学の一分野である」といえるでしょ
う．計量経済学や econometrics という言葉の計量とか metric
という部分はこのような計測を意味しています．

　以上の説明から，計量経済学には三本の柱というか，あるい
は三つのベースがあることが明らかでしょう．第1は経済モデ
ルのかたちに表わされた経済理論，第2は経済データにまとめ
られた経済の事実，そして第3は統計学の理論にもとづいた計
量的手法です．図1-1はこのような計量経済学の三つのベース
を示したものです．そこで次にこれらの三つのベースについて
説明することにしますが，その前に計量経済学の目的について
考えておきましょう．

　計量経済学の研究の目的は何でしょうか．計量経済学モデル
はどのような用途に用いられるでしょうか．それは図1-1に示
したように三つあるといえます．

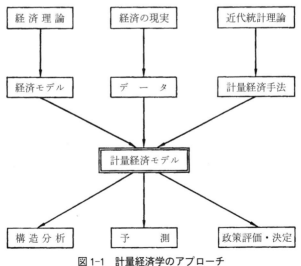

図1-1　計量経済学のアプローチ

　まず第1は構造分析です．すなわち経済的関係を数量的に測定することによって現実の世界の経済現象の理解を深めようということです．これは計量経済学の「科学的」な目的であるといえるでしょう．その重要なねらいは経済理論の発展のためのフィードバック的影響を与えることです．例えば，消費と所得の間の関係の計測によっていろいろな消費理論が展開されましたし，インフレ率と失業率との間の関係（いわゆるフィリップス曲線）の計測は失業の理論の展開に大きな影響を与えました．

　第2の目的は予測です．計量経済モデルは経済変数の将来における値を数量的に予測するために用いることができます．マクロ経済学者や官庁エコノミストは GNP* や雇用，輸出などの予測をします．企業エコノミストは会社の売上高や利益，製品市況などを予測します．このような予測はそれぞれ何らかの行動の基礎となります．例えば，GNP や雇用の予測は政府の経済政策の決定のために欠かすことのできない基礎です．売上高の予測は，企業が設備投資や人員の計画をたてる場合に絶対に必要です．

　計量経済モデルの第3の用途は政策評価と政策決定です．これは政策決定者がいろいろな政策代替案を比較評価し，どの案が最善であるかを決定するために利用することです．この用途は第二の予測と密接な関連があります．政策案の評価はそれぞれの政策案が採用された場合にどのような結果がもたらされるかの予測にもとづいてなされるからです．例えば，マクロ経済的計画において，代替的な財政政策や金融政策が国民経済にどのような影響を与えるかの予測にもとづいて，はじめて政策の評価と選択が可能になります．企業の投資計画案の評価も，それぞれの投資計画がどれだけの収益をもたらすかの予測をベースにしなければなりません．計量経済モデルはこのような場合

* 現在では GDP などが用いられている．

に，各代替案がとられたときの条件つき予測を導き出すために
用いることができるのです.

§2　経済の数学的モデル——計量経済学の理論的フレームワーク

以上説明したように，計量経済学は経済学における先験的推
論ないし経済現象に関する観察に基づく仮説（これを経済理論
といいます）に経験的な内容を与えることを役割としておりま
す．したがって，どのような経済理論でもそれを数学的なかた
ちに表わすことができれば，計量経済学的分析のためのフレー
ムワークとして用いることができます.

大部分の経済理論は数学的なかたちに表現することができま
すから，そのなかの数学的変数が実際に測定できるものでさえ
あれば，計量経済学的方法の適用を考えることができます.

経済理論を数学的方程式を使って表現し，それをもとに経済
法則を導き出そうとする試みは19世紀前半にまでさかのぼっ
てみることができます．フランスの経済学者クールノー（A.
A. Cournot）の『富の理論の数学的原理に関する研究』（1838）
が経済学に微積分学を有効に応用した最初の業績です．これは
ワルラス（L. Walras）やマーシャル（A. Marshall）をはじめ
として，その後の多くの経済学者に大きな影響を与え，数学的
経済理論の発展の源となりました.

このような経済理論は**数理経済学**（mathematical economics）と呼ばれてきましたが，現代では，経済理論の大部分
が多かれ少なかれ数学的表現と数学的操作とにたよるというよ
うな状態になったために，経済学への数学の応用というような
ニュアンスをもった数理経済学という言葉は以前ほどは使われ
なくなっているようです．そして数学的モデルとか，単にモデ
ルというような言葉が数学的経済理論とほとんど同じような意
味で使われています．これは当然で，数理経済学と，非数学的
方法を用いる経済理論とのあいだには本来基本的な相違はな

く，実際，はじめはことばで表現されていた多くの経済学の定理が後に数学的なかたちに表現し直されているのです．

数理経済学では経済の数学的モデルを扱うわけですが，数学的モデルは，一群の変数のあいだに成立する関係の集まりを意味します．したがって，変動する経済量（たとえば所得，消費，投資，価格など）を変数として，それらのあいだにどのような関係が成立するかを数学的方程式で規定したものが数学的経済モデルです．たとえば，価格 p を需要量 q の関数として

$$p = f(q) \tag{1-1}$$

と表現した「マーシャル流の需要曲線」はそのようなモデルの一例です．それは需要量と価格との二つの変数のあいだに成立する一つの関係をとり扱うものです．また有名な「くもの巣モデル」（§13参照）は数量と価格の二つの変数のあいだの二つの関係，すなわち需要方程式と供給方程式とを含んだモデルです．

ケインズ（J. M. Keynes）の経済学およびその後の経済学の発展においても，数学的モデルは基本的に重要な働きをしています．実際，ケインズの『一般理論』が現われた後の論争においては，ケインズ自身の考え方を説明するためにモデルをつくることが特に重要な役割を果たしました．

ヒックス（J. R. Hicks）やモディリアニ（F. Modigliani）の論文がなかでも有名なものです．また，いわゆるケインズ派の経済学の発展においても，サミュエルソン（P. A. Samuelson）を代表として，数学的経済学が指導的な役割を果たしてきました．

数理経済学の役割は，このような数学的モデルに基づいて，それに数学的操作をほどこし，何らか意味のある経済学的命題を演繹的に導き出すことにあります．このことを数学的モデルを解くといいます．単に数学的モデルをつくる（これをモデル・ビルディングといいます）だけでは，それは理論を数学という一つの「言語」を用いて表わしただけにすぎません．数理

経済学はモデル・ビルディングとモデルを解くこととを中心としているといえます.

　計量経済学的研究のためには, 研究しようとする経済現象についてのモデル・ビルディングがまず第1になされねばなりません. また計量経済学で用いられるモデルは必ずしも数理経済学的に解ける必要はありませんが, しかし, 数理経済学的に解かれたかたちでのモデルが計量的研究の出発点となることもよくあります. このような意味で計量経済学と数理経済学とは切っても切れない関係にあります.

　他方, 計量経済学的研究では, 数理経済学の場合よりもモデルを細かく規定する必要が多くあります. たとえば需要の研究で, 数理経済学では需要量 q は価格 p の関数であるとして

$$q = f(p) \tag{1-2}$$

として書くとか, あるいはそれに加えて q は p の減少関数, すなわち p が上昇すると q は減少する ($dq/dp < 0$) と規定するだけで十分である場合も多いのですが, 計量経済学的にはそれだけの規定では十分でなく, さらにこの関数のかたちを特定のかたちにきめたり (たとえば一次式として $q = a + bp$ とする), また, 価格以外に需要に影響を与えると考えられる要因のことも考慮に入れて, モデルをつくらなければなりません.

　このようなモデルの細かい規定は, 「計量」のことを考える場合どうしても必要なもので, ここではモデル・ビルディングと区別して, モデルの**特定化**(model specification) と呼んでおくことにしましょう. モデルの特定化の細かい点は後の説明でだんだん明らかになるでしょう.

§3　近代統計学──計量経済学の方法的基礎

　統計学が計量経済学において果たす役割は, 統計的計測のための方法的基礎理論を提供することにあります. モデル・ビルディングとモデルの規定が終わると, モデルは計測に移されます. そのためには変数に対応する適当な統計データを収集し,

選択し，ある場合には適切な加工を加えた後，最も適当な方法で，モデルの規定する関係を計測しなければなりません．

サンプリングの統計的方法は計量経済学的研究の材料であるデータを収集するのにすでに広く用いられています．また，統計学はデータの信頼性についても，その評価のしかたを教えてくれます．しかし，計量経済学者は一般に本来専門の統計学者，統計家の仕事であるデータの収集その他の問題には関与しません．けれどもデータの収集や表示について計量経済学者がもっともっと影響力をもつことは望ましいことといえます．多くの基本的な統計が行政的仕事の副産物でしかないために，計量的分析にしばしば多くの不便を与えていることは，きわめて残念なことです．

このようなデータ収集に貢献する近代統計理論に加えて，データ解析の統計的方法が計量経済学にとって中心的な重要性をもつものです．計量経済モデルが数理経済学のモデルと異なる一つの大きな点は，数理経済学のモデルでは関係式は正確に成立するものと考えられているのに対し，計量経済モデルでは関係式は統計的にのみ成立すると考えられることです．いいかえると，計量経済モデルにおける関係式は個々の場合について，つねに正確に成立するのではなく，平均的に成立するものと考えられるのです．

たとえば，消費支出と所得との関係を考えてみましょう．簡単にするためケインズ流のマクロ的な関係を考えると，社会全体の消費支出の大きさは国民所得の大きさに依存し，その依存関係を一次式と仮定すると

$$C = \alpha + \beta Y \tag{1-3}$$

という関係式が考えられます（Cは消費，Yは国民所得，αとβは定数）．

数理経済学では (1-3) は正確に成立するものとして議論が進められます．しかし，CとYのあいだの関係は実際にはつねに完全に (1-3) を成立させるようなものではなく，Cの実際の値

は (1-3) の右辺の一次式の値とは多かれ少なかれ違った値となります。そこで (1-3) は

$$C = \alpha + \beta Y + u \qquad\qquad (1\text{-}4)$$

と書かれなければならないでしょう。ここで u は**撹乱項**と呼ばれ、個々の場合にいろいろと異なった値をとるもの、すなわち変数であり、しかもそれがどのような値をとるかが確率的に決まる、いいかえると u がいろいろと異なった値をとるのはそれぞれある確率にしたがっていると考えられます。このことを、u は**確率変数**であるといい表わします。(1-4) のような方程式を**確率的方程式**または**統計的方程式**といいますが、このような方程式によってつくられるモデルを分析するためには、どうしても近代的な統計解析の方法の力を借りなければなりません。

(1-4) 式における u が具体的にどのような性質のもので、それが計量経済モデルでどのように重要な役割を果たすのかは、本書のなかでしだいに明らかになっていくでしょう。

さて近代統計学を発展させた第一の功労者はフィッシャー (R. A. Fisher) ですが、その後いわゆるネイマン・ピアソン理論のネイマン (J. Neyman) やピアソン (E. S. Pearson) その他多くの人々の貢献によって統計学はめざましい進歩をみせてきました。

近代統計学の方法は生物実験や農業実験などで特に効果的に利用されてきましたが、経済学を中心として社会科学の分野でも同じ方法がまず用いられたのです。しかし、生物学や農学と経済学とでは一つの大きな相違があります。それは経済学においては実験が不可能なことです。そのために、農業実験や生物実験のデータの分析に有効であるとわかった方法を盲目的に経済データの分析に応用することはできません。

このことは多くの計量経済学者が早くから気づいていたことですが、よい方法がないということで、長い間実験によらないデータに対しても実験データの場合の解析方法が応用されてきました。しかし、実験によらないデータを分析するうえでの問

題点もだんだん明らかにされ，それらを解決する努力が続けられるうちに，計量経済学者自身による独自の分析方法も開発されるようになりました．

§4　経済データ——計量経済学の分析材料

　計量経済学の第3の柱は経済の現実を客観的に測定したデータ，すなわち経済データです．これまで説明したように，計量経済学の理論的基礎を提供するのが数学的経済理論であり，方法的基礎を提供するのが近代統計学です．そしてそのような計量経済学の料理の材料となるのが，近年その整備状態がめざましく改善されつつある経済統計を中心とする統計資料です．

　理論的および方法的基礎がいくらしっかりとでき上がっても，分析する材料が粗末ではしかたがありません．国民所得統計を中心とする経済統計，その他の諸統計の利用可能性の増大は，おそらく計量経済学的な研究が盛んになった最大の原因であるといえるでしょう．

　わが国は現在世界に冠たる「統計大国」といってもよいくらい各種統計が整備されてきていますが，なかでも計量経済学にとって欠かせないものは国民所得統計です．国民所得統計については，昭和28年に国連が国際基準として示した国民経済計算体系（A System of National Accounts, 略してSNA）がわが国においても長い間用いられてきました．ところが昭和43年に新たな国際基準として新SNAが作成され，世界主要国が次々にこの新しい体系に移行してきました．これに対してわが国では10年という長い年月をかけて準備をし，昭和53年に新SNAへの移行が実現しました．これによって，経済の現実を測定したデータは飛躍的に充実したものとなりました．

　新SNAは，モノの流れをとらえる従来からの国民所得統計を中心としつつも，それに加えて，産業間のモノの取引きをとらえる産業連関表，カネの動きをとらえる資金循環表，モノやカネの資産（ストック）の状態をとらえる国民貸借対照表，外

国とのモノやカネの取引きをとらえる国際収支表の五つの勘定を相互に結びつけたものです．これによって，国全体の経済活動をモノとカネ，そしてフローとストックの側面から，総合的にとらえることが初めて可能となったという意味で画期的なものといえます．

新SNAにおいては，推計方法的にも国民総支出の推計にコモディティ・フロー法*と呼ばれる方法が採用され，また産業別国内総生産の推計に付加価値法**が用いられていますが，これらの方法を用いるためには，工業統計，商業統計，農業統計，貿易統計，産業連関表，財政統計など種々の基礎的統計が整備されていなくてはなりません．また，実質化された計数値を求めるためには，デフレーター作成の基礎としていろいろな物価統計が不可欠です．わが国が新SNAへ移行できたということはこのような基礎的統計の整備があってのことです．

もちろん計量経済学で用いられる統計データは新SNAおよびその関連統計以外にもいろいろあります．例えば企業の意思決定のために用いられる計量モデルでは個別特殊的なデータがいろいろと必要でしょう．情報化時代の進展は社会全体のデータベースをますます豊かなものにしています．そしてそれを背景にして，政府や企業のいろいろな政策決定や計画策定の基礎づけを与えるものとしての計量経済学への期待もますます大きくなっています．

---

* 商品やサービスの生産額に，各流通段階ごとの運賃および商業マージンを加えて，家計や企業に売られた消費財や投資財の金額を推計する方法．

** 各産業部門で産出された商品やサービスの生産額から，生産のために使用された原材料費などを差し引いて，産業ごとの付加価値を推計する方法．

2 モデル・ビルディングの基礎

§5 モデルとは何か

　計量経済学に限らず，現代の科学は社会科学でも自然科学でも，モデルを研究の手段として多く用います．モデルとは科学の研究対象である現実を何らかのかたちで表現したものです．時には絵，写真，彫刻で，時にはグラフで，あるいは数学的方程式でというように，表現されるかたちは異なりますが，目的は研究対象である現実の構造や動きを説明したり，予測したり，あるいは制御したりすることです．図 2-1 にモデルによるアプローチを示しました．

　現実をそのまま直接にではなく，モデルを用いて研究し，そして現実に適用できる結論を導き出そうというわけですから，モデルには二つの性質が要求されます．すなわち，現実性と操作性です．モデルについて研究した結論が，現実に適用できるためには，モデルが現実に十分よく似たものでなければなりま

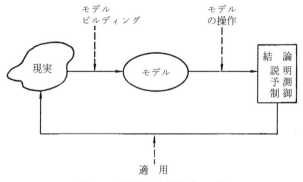

図 2-1　モデルによるアプローチ

せん．これが現実性の要求です．しかし，モデルを用いるのは，現実が複雑であり，また直接には操作できない（例えば実験できない）ためですから，モデルは操作可能性の高いものであることが当然期待されているわけです．これが，操作性の要求です．

モデルはこのような現実性と操作性の二つの要求をうまく妥協させてつくられます．というのはこれら二つの要求は相対立する性格をもっているからです．現実性を高めようとするとモデルはだんだん複雑なものになり，操作しにくくなっていきますし，逆に操作性を高めるためにはモデルの単純化が要求され，現実性が低くなっていきます．コンピュータや計測技術の進歩は，現実性もありかつ操作可能なモデルを利用可能にする方向に大きな貢献をしていますが，いかにして現実の本質的要因をとり出し，不必要な細部を捨象することによって二つの要求をうまく妥協させるかが，研究者にとってモデル・ビルディング上重要な能力であることには，いぜんとして変わりはありません．

このような能力は単に知識の習得のみで得られるものではなく，それに加えて経験の積み重ねをも必要とするものであり，その意味でモデル・ビルディングは一つのアート（術）であるともいえます．しかし，いずれにせよ私たちはモデル・ビルディングの基礎的知識をもたなければなりません．特に，いろいろなモデルの中で現実性や操作性の面で最もすぐれている数学的方程式によるモデルについて理解することが重要です．そこで以下本章では計量経済学における基礎的諸概念を解説しましょう．

§6 計量経済学的アプローチの四段階

計量経済学の内容は，その作業の面からみると次の四つの部分に分けることができます．1）モデル・ビルディングおよびモデルの特定化．2）モデルの推定．3）モデルの検証．4）予

測および実験.

　モデル・ビルディングは，前章でも説明したように，経済理論を数学的に表現することです．すなわち，私たちが研究しようとしている経済現象を構成する諸要因とそれらの間の関係を数学的な方程式のかたちに表わすことです．そしてモデルは次の推定の段階を考えて，それが可能なように細かく特定化されなければなりません.

　次の**推定**の問題は，モデルを構成している方程式を，できるだけ高い信頼度をもって数量的に確定するためにデータをいかにじょうずに使うかという問題です．ここではモデルやデータの性質によって用いられる方法の種類や性質が異なることが大きな問題です.

　第3の**検証**の問題は，つくりあげて推定したモデルが成功であったかどうかを，何らかの基準によってテストすることです．このテストの基準にはいろいろなものがありますが，なかでも，パラメータの推定値の符号が経済理論的にア・プリオリに考えられるものと一致しているかどうかという**符号条件**（たとえば需要方程式 $q = a + bp$ の価格 p の係数 b は負であるということ），変数間に発見された関係が，たまたま用いられたデータに依存した偶然的で無意味なものでなく，確かに存在することが確認されるかどうかという**有意性条件**，方程式が実際のデータに現われている動きをよく記述しているかどうかという**あてはまり条件**（これは決定係数ないし相関係数の大きさで判断されます）などがよく問題にされます.

　最後の**予測**は，モデルによって決定される変数（内生変数）の将来の動きを，その過去の動きや，モデルの外で決定される変数（外生変数）の動きから予測するということです．さらにまた，単に「こうなるであろう」というような予測だけでなく，モデルのなかに含まれている政策的な変数や，パラメータの値をいろいろに変えてやった場合にどのようなことが起こるかという実験も考えることができます．このようなモデルにつ

いて行われる実験は**シミュレーション**（simulation）実験と呼ばれ近年非常によく行われるようになっています．

　以下，モデル・ビルディングに関連した基礎的概念について説明しましょう．

§7　変　　数

　経済理論で用いられるモデル，すなわち**経済モデル**という概念は，一群の経済「変数」のあいだに成り立つと考えられる一組の「関係」を意味します．このような「関係」は，グラフや図表で表わされることもありますが，ふつうは「方程式」のかたちに表わされます．そこでモデル・ビルディングの基礎として，変数という概念と，関係式ないし方程式という概念とをはっきりつかんでおかなければなりません．

　変数とはある範囲にわたって変化する量をいいます．変数には，温度計の水銀柱の高さのように，その範囲のどんな値でも連続的にとれるものと，家族内の子供の数の場合のように，その範囲でとびとびの値（この場合は正の整数）しかとれないものとがあります．前のものを**連続的変数**，後のものを**離散的変数**といいます．離散的変数は連続的変数の特殊な場合にあたりますが，実際上，離散的な変数を連続的変数として扱うことが多くあります．たとえば所得とか消費というような経済変数は，円の単位では正の整数値しかとれませんから離散的変数ですが，ほとんどの場合連続的変数として扱われます．連続的変数の方が一般に数学的操作が簡単だからです．

　ところで，変数を用いるということは，測定ができるということを暗に前提としています．価格とか国民所得というような経済変数については多くの場合確かに測定できますが，測定できないものはモデルの中へ直接に導入することはできません．ただ結果の評価に際して考慮されるだけです．

　しかしながら，測定できるかできないかはかなりの程度まで相対的なものであり，また歴史的なものです．たとえば，国民

所得という変数を考えてみても，それが測定できるようになったのは，わが国では第二次大戦後のことであり，しかもその正確さは現在まで年々向上しています．また期待所得や予想売上げのような人びとの予想を示すような変数についても，測定は困難であっても不可能ではありませんし，実際そのような測定データを集める努力も行われています．

　国民所得のようなものは，本来数量的に測定できる性質のものであるということには全く異論はないでしょうが，心理的な要因，行動態度的な要因などのように，数量的に表現でき測定できるかどうかさえ問題になるようなものもあります．しかし，このような要因についても数量化の努力が続けられ，いろいろなくふうが生まれています．5点尺度のような尺度化もその一例です．

　また定性的要因でもその影響は数量化してとらえることができます．そのよい例は**擬変数**ないし**ダミー変数**（dummy variable）と呼ばれるものです．これは定性的な分類を，1か0かのどちらかをとる変数を用いて果たそうとするもので，たとえば四つの季節を区別するには次の三つの擬変数を用います．

	x_1	x_2	x_3
第1四半期	1	0	0
第2四半期	0	1	0
第3四半期	0	0	1
第4四半期	0	0	0

　すなわち第1四半期は擬変数 x_1 の値が1，x_2 および x_3 の値は0，第2四半期は x_2 だけが1で他は0，第3四半期は x_3 だけが1で他は0，第4四半期は三つの擬変数の値がすべて0とすれば，四つの四半期が三つの擬変数によって区別できることになります．いいかえると，三つの擬変数が全体で「季節」という変数の代わりをしていると考えることができます．

　非数量的要因を多く扱わなければならない計量心理学や計量

社会学など，計量経済学の親類のような学問の最近の急速な発達をも利用して，経済現象および関連現象の多くの側面が数量化できるようになるでしょう．またこのような方法面での進歩とならんで，他方では経済統計などデータ面でも数量的モデルを使用するための条件は整っていくでしょう．

§8　方　程　式

方程式は，二つまたはそれ以上の変数のあいだの関係を示すものです．たとえば，シュルツ（H. Schultz）が，1875—1895年のあいだのアメリカ合衆国における砂糖の需要関係について推定した次の関係式を考えてみましょう．

$$q = 70.62 - 2.26p \qquad (2\text{-}1)$$

ここで q は 1 人当たりの年間の砂糖消費量（単位はポンド），p は砂糖 1 ポンド当たりの卸売価格（単位はセントで，一般物価でデフレートしたもの）です．この期間に q の値は 35 から 70，p の値は 2 から 16 のあいだを変化しています．

（2-1）の方程式は次のように書くこともできるでしょう．

$$p = \frac{70.62}{2.26} - \frac{1}{2.26}q$$

すなわち，

$$p = 31.25 - 0.44q \qquad (2\text{-}2)$$

（2-1）と（2-2）は数学的には同じものですが，それぞれの経済的意味は異なります．

（2-1）では需要量 q が価格 p によって決まると考えられています．このとき，q を**従属変数**または**結果変数**，p を**独立変数**または**原因変数**といいます．あるいは，q の動きが p によって説明されるという意味で，q を**被説明変数**，p を**説明変数**ともいいます．これに対して（2-2）では二つの変数の役割が逆になっています．

方程式（2-1）は，個々の消費者の需要を考える場合に適当なものです．個々の消費者にとっては，価格は市場で決められる

もので，自分の消費量を変えることによって何ら影響を与えることのできない変数です．したがって価格は個々の消費者の消費行動から独立しています．これに対して，消費者の消費量は価格いかんによって変化するでしょう．しかし，市場における需要関係を考えると，価格と需要量は相互依存関係にあります．したがってこの場合には，需要量と価格とのどちらを従属変数としても意味のある関係が得られます．いいかえると (2-1) のかたちでも (2-2) のかたちでも，いずれもそれぞれ意味をもち得るわけです[*].

　一般に，いくつかの変数のあいだの関係は，数学的には**関数関係**として表現されます．砂糖の消費量 q がその価格 p によって決まるという関係は，一般的な関数関係としては

$$q = f(p) \qquad\qquad (2\text{-}3)$$

と表わされます．ここで f は関数を表わす記号で，どんな文字を使ってもかまいませんが，よく用いられるのはこのほか g，h（またはこれらの大文字）などで，また，$q = q(p)$ のように従属変数と同じ記号を用いることもよくあります．

　(2-3) のように書かれている場合には，独立変数と従属変数との区別がはっきりしていますが，ときには (2-3) を

$$g(q, p) = 0 \qquad\qquad (2\text{-}4)$$

のように書くことがあります．この場合には q と p とのあいだに "ある関数関係" があるというだけで，どちらが独立変数でどちらが従属変数かこれだけでははっきりしません．このような表現を**陰関数**といい，これに対して (2-3) のような表現を**陽関数**といいます．たとえば (2-1) を陰関数で表わせば

$$q + 2.26p - 70.62 = 0 \qquad\qquad (2\text{-}5)$$

となります．

　さて (2-1) は (2-3) の特殊な場合，すなわち (2-3) の f のかたちを一次式（線形式）とした場合です．このような関数関係

---

[*]　計測の場合には，どちらを従属変数とするかによって結果は異なります．

のかたちをある特定のものにきめることを，関数のかたちの**特定化**（specification）といいます．(2-3) を一次式に特定化した一般のかたちは

$$q = \alpha + \beta p \qquad\qquad (2\text{-}6)$$

となります．ここで α と β とは**パラメータ**（parameter）と呼ばれるものです．パラメータとは，場合を特定のものに一定すれば定数ですが，それが異なれば異なった値をとるというものことです．たとえば (2-1) のパラメータは砂糖でない別の商品の場合には別の値になるでしょう．またアメリカでなく日本の場合には，あるいはアメリカでも時期が異なれば，やはり別の値をとるでしょう．その値のいろいろな場合に応じて (2-6) は別々の直線を表わします．

　一般に，関数のかたちを特定化することによって，関係式を表わすのに必要なパラメータの数がきまります．(2-6) の一次式の場合にはパラメータの数は二つですが，もっと複雑な関数になればずっと多くのパラメータが必要になります．

　通常一つの結果変数に影響を与える原因変数は一つに限られませんから，一般には一つの方程式に独立変数が二つ以上含まれることになります．たとえば，さきの需要関数 (2-3) には消費者の所得（これを y と書きましょう）や一般物価水準（これを π と書きましょう）も独立変数として含まれることになるでしょう．このとき (2-3) は

$$q = f(p, y, \pi) \qquad\qquad (2\text{-}7)$$

のように書かれることになるでしょう．そして (2-7) を一次式として特定化すれば

$$q = \alpha + \beta p + \gamma y + \delta \pi \qquad\qquad (2\text{-}8)$$

のように書くことができます．ここで，$\alpha,\ \beta,\ \gamma$ および δ はパラメータです．

§9　方程式および変数の種類

経済モデルは，経済現象に関係するいろいろな変数のあいだ

の関係を表わす一つあるいは二つ以上の方程式の組を意味します. 研究しようとする経済現象の側面が, ただ一つの方程式で表現される場合, そのモデルを**単一方程式モデル** (single equation model) といい, これに対してモデルが二つ以上の方程式から構成されているとき**連立方程式モデル** (simultaneous equation model) といいます.

たとえば (2-6) は需要の変動を説明しようとする単一方程式モデルです. ここでこの (2-6) に, 供給量 q_S をやはり価格 p の関数として説明する供給関数と, 需要量と供給量とは市場で等しく実現しなければならないとする需給均衡式をつけ加えて

$$q_D = \alpha + \beta p \qquad (2\text{-}9\text{-}a)$$
$$q_S = \gamma + \delta p \qquad (2\text{-}9\text{-}b)$$
$$q_D = q_S \qquad (2\text{-}9\text{-}c)$$

とすれば, この三つの式は一つの連立方程式モデルを構成し, それにより需要量 q_D, 供給量 q_S および市場価格 p が決定されることになります.

経済モデルを構成する方程式は, 次のような五つの種類に分けることができます.

1) **行動方程式** (behavior equation) これは経済の中で活動するいろいろな主体またはその集団, たとえば消費者, 企業, 政府などの行動を表わす方程式です. つまり (2-9-a) は消費者がどのようにしてその需要を決定するかを表わしたものであり, (2-9-b) は供給者がどのように供給量を決定するかを表わしたものですから, 両方とも行動方程式です. また, いわゆる投資関数は企業がどのように投資を行うかを説明しようとする式ですから, やはり行動方程式です.

このような行動方程式は, 経済理論の打ち立てる仮説に基づいてつくりあげられるわけですから, いろいろな方程式のなかで中心的な地位を占めるもので, 最も重要なものです.

2) **技術方程式** (technological equation) これは技術的関係を表わす方程式です. その代表的なものはいわゆる生産関数

であり，これは投入（資本，労働，その他）と生産物との間の技術的関係を表わすものです．なかでも最も有名なのはコブ・ダグラス（Cobb-Douglas）の生産関数で

$$Q = \alpha L^{\beta} K^{\gamma} \tag{2-10}$$

と表わされます．ここで Q＝生産量，L＝労働投入量，K＝資本投入量，α, β, γ＝定数です．

3) **定義式**（definitional equation）　これは経済諸量のあいだに定義的に成立する関係を表わした式です．たとえば，所得 Y は，支出面からみると定義的に消費 C と貯蓄 S の和ですから

$$Y = C + S \tag{2-11}$$

という定義式が考えられます．

4) **制度方程式**（institutional equation）　経済諸量のあいだには制度を背景として結ばれているものがあります．たとえば租税 T と国民所得 Y のあいだには税制という制度があります．そのような制度に基づいてつくられる関係式

$$T = f(Y) \tag{2-12}$$

のようなものを制度方程式といいます．

5) **経験式**（empirical equation）　これは経済理論的に意味はないが，経験的に成立していると考えられる関係式のことです．たとえば気温と収穫量のあいだの関係です．

さて，一般に経済モデルは何らかの経済変数の動きを説明しようという目的のためにつくられるものですが，モデルが説明しようとしている変数のことを，そのモデルの**内生変数**（endogenous variable）と呼びます．いいかえますと，内生変数とはモデルの方程式体系によって決定される変数のことであり，したがってその方程式体系の未知数です．そこで，モデルのなかの内生変数の数はモデルのなかの方程式の数と同じでなければなりません．たとえば，(2-6) のモデルでは内生変数は需要量 q であり，(2-9-a～c) のモデルでは内生変数は q_D, q_S および p の三つです．

内生変数に対して，モデルによって説明されない変数，すな

わちモデルの方程式体系によってその値が決定されるのではなく，モデルが内生変数の動きを説明しようとするときに所与と考えられる変数のことを**外生変数**（exogenous variable）といいます．いいかえると，外生変数は，内生変数には影響を与えるが，それ自身はモデルの中の他の変数によって影響されないような変数のことです．(2-6) のモデルの場合には価格 p が外生変数であり，これに対して (2-9-a〜c) のモデルには外生変数はありません．

以上の説明からわかるように，内生変数と外生変数の区別は絶対的なものでなく，同じ変数でもモデルによって内生変数とされたり，外生変数とされたりします．たとえば，価格 p は (2-6) のモデルでは外生変数ですが，(2-9-a〜c) のモデルでは内生変数となっています．内生変数の数が多いモデルほど，それだけ多くの経済変数の動きを説明しようとしているわけですから，大きなモデルであるといえます．実際，モデルを大きくしていく過程は，外生変数をだんだん内生変数化していくことであるといってもよいでしょう．

ところで以上説明した内生変数と外生変数のほかに，内生変数ですが，その過去の値を表わすものがあります．たとえば，(2-9-a〜c) の市場モデルで，供給量 q_S は一期前の価格 p_{-1} に依存するとしますと（農産物，たとえば果物などの場合に，去年値段が高かったものは作付量がふえて今年の供給量が増加するというような関係が見られるのがその一つの例です），

$$q_S = \gamma + \delta p_{-1} \qquad (2\text{-}13)$$

で (2-9-b) を置き換えることができます．

この p_{-1} は内生変数 p の過去の値を示すもので，このような変数を**時の遅れをもった**（lagged）**内生変数**といいます．遅れをもった内生変数は，モデルから内生変数が決定されるときにはすでに過去の値として先に決まってしまっているものですから，**先決**（predetermined）**内生変数**とも呼ばれ，その点では外生変数と同じですから，外生変数とあわせて**先決変数**と呼ば

れます.

　一般に,経済モデルでは,各期の内生変数が,先決変数,すなわち時の遅れをもった内生変数と外生変数とから決定されるという因果的な関係が表わされます.図2-2はこの関係を示したものです.ここでは内生変数が $Y_1, Y_2, \cdots\cdots, Y_g$ と g 個,外生変数が $X_1, X_2, \cdots\cdots, X_k$ と k 個あると考えており,また,Y の右肩の添字 -1 は時の遅れのあることを示していますが,遅れは一般的には一期とはかぎりません.また,構造方程式は定義的恒等式の場合を除いて,一般には正確に成立するのではなく,攪乱項をもって成立します.そこで,図2-2には攪乱項 $u_1, u_2, \cdots\cdots, u_m$ が加わることが示されています(g 個の構造方程式のすべてに攪乱項が加わるとはかぎりませんから,$m \le g$ です).

　さて,さきに説明したように,モデルの中の方程式の数と(遅れをもたない)内生変数の数とは同じでなければなりませんが,個々の方程式の中に含まれる内生変数の数は一般に一つとはかぎりません.したがって,内生変数はつねに方程式中の従属変数であるとはかぎりませんし,方程式中の独立変数は,

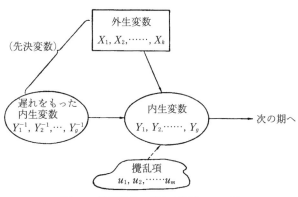

図2-2　計量経済モデルの因果フロー図

外生変数または先決内生変数に限らないわけです．たとえば
(2-9-a〜c) のモデルでは，内生変数 p が二つの行動方程式 (2-9-a) および (2-9-b) において，独立変数の役割を果たしています．

　しかし，内生変数の数と方程式の数とが等しいことから，方程式体系を内生変数について解くことができます．このように内生変数について解かれたかたちの方程式のことを**誘導型方程式**（reduced form equation）といい，これに対して，もとの方程式を**構造方程式**（structural equation）といいます．そこで一つの誘導型方程式には内生変数は一つしか含まれず，他の変数は外生変数または（および）先決内生変数，すなわち先決変数です．(2-9-a〜c) のモデルの誘導型は，次のようになります．

　まず (2-9-a) と (2-9-b) を (2-9-c) に代入して

$$\alpha + \beta p = \gamma + \delta p$$

となりますから，これを p について解いて

$$p = \frac{\alpha - \gamma}{\delta - \beta} \tag{2-14}$$

これを (2-9-a) および (2-9-c) に代入して

$$q_D = q_S = \frac{\alpha \delta - \beta \gamma}{\delta - \beta} \tag{2-15}$$

が得られます．この (2-14) と (2-15) が誘導型ですが，この場合構造方程式はすべて内生変数だけしか含んでいませんから，誘導型は内生変数の値を数値的に決定するという特殊なかたちになっています．これに対して，(2-9-a)，(2-13) および (2-9-c) のモデルの誘導型をつくりますと

$$p = \frac{\gamma - \alpha}{\beta} + \frac{\delta}{\beta} p_{-1} \tag{2-16}$$

$$q_D = q_S = \gamma + \delta p_{-1} \tag{2-17}$$

となります．誘導型の例は後にいろいろと出てくるでしょう．

§10　モデルの例──マクロ経済モデル

これまでの説明をもう一度具体的なモデルの例にあてはめてみましょう．なお，ここではこれまでモデルに導入しなかった確率的攪乱項を含んだ計量モデルを考えます．

簡単なマクロ経済モデルとして次のような三つの構造方程式から成る連立方程式モデルを考えましょう．

$$C_t = \alpha_0 + \alpha_1 Y_t + u_t^C \qquad (2\text{-}18\text{-}a)$$

$$I_t = \beta_0 + \beta_1(Y_t - Y_{t-1}) + u_t^I \qquad (2\text{-}18\text{-}b)$$

$$Y_t = C_t + I_t + G_t \qquad (2\text{-}18\text{-}c)$$

ここで C_t, I_t, Y_t はそれぞれ t 期における消費，投資，国民所得を表わし，これらの三つの変数がこのモデルにおける内生変数です．そして G_t は t 期の政府支出であり，外生変数，Y_{t-1} は $t-1$ 期の国民所得で，遅れをもった内生変数です．u_t^C および u_t^I はそれぞれ消費および投資の決定関係における攪乱項です．

方程式 (2-18-a) はいわゆる消費関数で，t 期の消費 C_t が同じ t 期の国民所得 Y_t の線形式として決定される（攪乱 u_t^C を含んで）ことを表わす構造方程式です．これは消費者の消費支出行動を表わしていますから行動方程式です．そしてこの式のパラメータ α_0 および α_1 のうち α_1 は，所得が限界1単位変化するとき消費がどれだけ変化するか，すなわちたとえば所得が1万円増えたときそのうちのどれだけが消費支出となるかを表わしますから，限界消費性向と呼ばれているものです．

次の構造方程式 (2-18-b) は加速度型の投資関数と呼ばれるもので，新規投資が国民所得の増加（$Y_t - Y_{t-1}$）によって誘発されることを表わしており，パラメータ β_1 は国民所得の1単位の増加がどれだけの新規投資を誘発するかを示すものとして加速度係数と呼ばれています．所得が増加すればそれによりいろいろな製品への需要が増え，それを生産するための生産能力の増強が必要となって投資を誘発するという関係です．なお，投資にはこの加速度部分と無関係な独立的なものもあると考え

られ，パラメータ β_0 がそれを表わしています．$u_t{}^I$ はこの投資関数の攪乱項です．この方程式は企業の投資行動を表わすものですから，やはり行動方程式です．

最後の構造方程式 (2-18-c) は，国民所得が支出面から見て消費，投資および政府支出の和であることを表わした定義式です．したがってこの式は攪乱項がなく成立します．

図 2-3 はこのマクロ経済モデルの因果フローを示したものです．矢印が変数間の決定関係を示していますが，内生変数の間では矢印が両方向のものになっている点に注意して下さい．

ここでこのモデルの誘導型を求めてみましょう．そのためには三つの方程式 (2-18-a〜c) を三つの内生変数 $C_t, I_t\ Y_t$ について解けばよいのです．まず (2-18-a) と (2-18-b) を (2-18-c) に代入すると

$$Y_t = \alpha_0 + \alpha_1 Y_t + u_t{}^c + \beta_0 + \beta_1(Y_t - Y_{t-1}) + u_t{}^I + G_t$$

となり，ここには内生変数は Y_t だけしか入っていませんから，Y_t について解くと

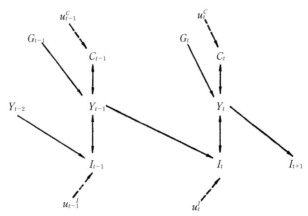

図 2-3　マクロ経済モデル (2-18-a〜c) の因果フロー図

$$Y_t = \left(\frac{-\beta_1}{1-\alpha_1-\beta_1}\right)Y_{t-1} + \left(\frac{1}{1-\alpha_1-\beta_1}\right)G_t + \frac{\alpha_0+\beta_0}{1-\alpha_1-\beta_1}$$

$$+ \frac{u_t{}^C + u_t{}^I}{1-\alpha_1-\beta_1} \qquad (2\text{-}19)$$

が得られます.

次にこの (2-19) を (2-18-a) と (2-18-b) に代入して整理すると, 結局

$$C_t = \left(\frac{-\alpha_1\beta_1}{1-\alpha_1-\beta_1}\right)Y_{t-1} + \left(\frac{\alpha_1}{1-\alpha_1-\beta_1}\right)G_t$$

$$+ \frac{\alpha_0(1-\beta_1)+\alpha_1\beta_0}{1-\alpha_1-\beta_1} + \frac{(1-\beta_1)u_t{}^C + \alpha_1 u_t{}^I}{1-\alpha_1-\beta_1}$$

$$\qquad (2\text{-}20)$$

$$I_t = \left(-\frac{(1-\alpha_1)\beta_1}{1-\alpha_1-\beta_1}\right)Y_{t-1} + \left(\frac{\beta_1}{1-\alpha_1-\beta_1}\right)G_t$$

$$+ \frac{\alpha_0\beta_1+(1-\alpha_1)\beta_0}{1-\alpha_1-\beta_1} + \frac{\beta_1 u_t{}^C + (1-\alpha_1)u_t{}^I}{1-\alpha_1-\beta_1}$$

$$\qquad (2\text{-}21)$$

が得られます.

これら三つの誘導型方程式 (2-19), (2-20), (2-21) は, 三つの内生変数 Y_t, C_t, I_t のそれぞれを, 遅れをもった内生変数 Y_{t-1} および外生変数 G_t (すなわち先決変数) の関数として表わしていることがわかります.

また, (2-19) 式から, 他の要因を一定としたとき今期の政府支出 G_t の変化が国民所得 Y_t に与える影響は

$$\frac{\partial Y_t}{\partial G_t} = \frac{1}{1-\alpha_1-\beta_1} \qquad (2\text{-}22)^*$$

であることがわかります. これは衝撃乗数 (impact multiplier) と呼ばれています. それは今期の政府支出が今期の国

---

* ここで $\partial Y_t/\partial G_t$ は偏微分を表わす記号で, 独立変数 (今の場合 G_t と Y_{t-1}) が二つ以上あるとき, 他のものを一定としておいてある変数だけが微小変化したときの影響を計算するものです.

民所得に与える影響を表わしているもので，短期的な影響を示しているからです．その意味で短期乗数とも呼ばれます．

§11　モデルの諸類型

経済モデルはいろいろな視点から分類することができます．モデルを構成する方程式の数から**単一方程式モデル**と**連立方程式モデル**が区別できることはすでに述べた通りです．

方程式の形から考えて，最も簡単でよく用いられるのが**線形モデル**（linear model）です．これはすべて，変数についての一次式だけから構成されているモデルのことをいいます．線形モデルを複雑化する第一の方向は非線形方程式の導入であり，その結果，**非線形モデル**（nonlinear model）がつくられます．

モデルについての次の分類は，**静態モデル**（static model）と**動態モデル**（dynamic model）です．この区別についてはいろいろと異なった考え方があります．たとえば，ヒックスの有名な定義では，変数の時間日付けを問題にしなくてよいようなモデルを静態モデル，それを問題にしなければならないようなモデルを動態モデルとします．ハロッド（R. Harrod）は，一度限りの変化の分析（変化の前の均衡状態と変化の後の均衡状態との比較分析）を扱う**比較静学**（comparative statics）のモデルに対して，動態モデルは連続的変化の分析のためのものであるとみています．またフリッシュ（R. Frisch）は，変化の過程を扱うのが動態モデルの本質であるといっています．

サミュエルソンは少し細かくモデルを分類していますが，それによりますと

1) 静態的・定常的
2) 静態的・歴史的
3) 動態的・因果的（非歴史的）
4) 動態的・歴史的
5) 確率的・非歴史的
6) 確率的・歴史的

の六種類が区別されます．1) は経済に変化が全くなく，分析
方法に時間の経過が全く考慮されないような場合を意味しま
す．2) は経済の変化を含みますが，それが外生的ないし非経
済的要因のみによるものであるような場合です．たとえば，天
候条件による収穫量の変化に基づいて生じる経済の変動は，気
象学の理論をモデルの中に組み入れなければ動態モデルとはな
りません．このような外生的要因による経済変動の説明は，一
つの時期についての分析はその時期についてのみ有効であると
いう意味で，歴史的と呼ばれるわけです．

　動態的・因果的というのは，初期条件さえ与えれば，その後
ある時間，たとえば 2 年後に何が起こるかを予測するのに十分
であるというような場合を意味します．この場合には，関連す
る要因はすべて経済的要因であり，モデルを与えれば，将来何
が起こるかは初期の経済的条件だけによって決まり，経済分析
により予測が可能になります．そしてこれは，たとえば同じ 2
年後ならば 1982 年を初期とした 2 年後の 1984 年でも，1985
年を初期とした 2 年後の 1987 年でも同じように予測が有効で
あるという意味で，非歴史的といわれるのです．

　4) の動態的・歴史的というのは，経済の変動が一部分非経
済的要因によって影響される場合を意味します．たとえば，景
気変動が投資の変動と天候の変化の両方によってひき起こされ
るというようなモデルです．

　5) と 6) における確率的というのは，偶然的なできごとの
影響を含んでいるということです．

　以上のように，静態モデルと動態モデルの区別についてはい
ろいろな解釈がありますが，結局，動態モデルとは，経済の時
間的な動きを関数的方程式によって表わすもの，したがって，
そこには異なる時点に関係する変数が実質的に含まれているよ
うなものを意味すると解釈するのが最もわかりやすいでしょ
う．

　モデルのもう一つの区別は，**ミクロ・モデル**（micro model) と**マクロ・モデル**（macro model）の区別です．ミクロ・モデルは消費者とか企業のような個々の経済行動主体の行動に関するモデルであり，これに対してマクロ・モデルは，そのような経済行動主体の総計としての経済全体についてのモデルを意味します．そこでマクロ・モデルでは，総計の変数（たとえば国民所得，民間設備投資）が用いられることになります．しかし，この区別は正確なものではありません．たとえば一つの産業についてのモデルは経済の一部門についてのモデルですが，それは産業内の多くの企業の総計を含むことになります．また，ある一つの製品の市場需要についてのモデルは，多くの個人の需要の総計を含んでいます．この意味で，たとえば一つの産業についてのモデルをセミ・マクロ・モデルと呼ぶようなこともあります．

　以上でモデルとモデル・ビルディングについての基礎的な概念を理解しました．そこで，次に経済理論のモデル化をいろいろな具体例について見ることにしましょう．

Ⅱ　経済モデル

3　数理経済学モデル
4　マクロ経済モデル

3 数理経済学モデル

§12 価格調整を含む市場モデル

§2で説明したように，数理経済学のモデルは一般に代数的モデルで，それを数学的に操作して何らかの経済学的命題を導き出すことを目的としています．以下三つの例でその要点を理解して頂きましょう．なお，ここでの目的のためには，数学的解法自体は知る必要はありませんので省略します．

まず次のような市場モデルを考えましょう．すなわち何らかの製品の需要供給関係からその価格が時間的に均衡水準に決定されることを示すモデルです．

$$q_D(t) = \alpha_0 + \alpha_1 p(t) \tag{3-1}$$

$$q_S(t) = \beta_0 + \beta_1 p(t) \tag{3-2}$$

$$p'(t) = \gamma \{ q_D(t) - q_S(t) \} \tag{3-3}$$

ここで，q_D＝需要量，q_S＝供給量，p＝価格で，すべてが時間の関数となっています．p'は価格の変化率で，数学的には時間 t についての微分 $dp(t)/dt$ です．(3-1) は需要方程式，(3-2) は供給方程式ですから，$\alpha_1 < 0$（価格が上がれば需要は減る），$\beta_1 > 0$（価格が上がれば供給は増える）と考えることができます．(3-3) は価格の時間的変化率が超過需要 $q_D(t) - q_S(t)$ の大きさに比例すると考えたものです．ここで比例定数の γ は正であると考えますが，それは，需要が供給を上回っているときには価格が上昇し，需要が供給を下回るときには価格が下落することを表わしています．このように需給を均衡させるための価格の調節機能を考えたのがこのモデルの特徴です．

ここで，(3-1) と (3-2) を (3-3) に代入しますと，次の式が得られます．

$$p'(t) = \gamma \{ \alpha_0 - \beta_0 + (\alpha_1 - \beta_1) p(t) \}$$

$$= \gamma(\alpha_1 - \beta_1)\{p(t) - p_e\}$$
$$= \lambda\{p(t) - p_e\} \tag{3-4}$$

ここで，$p_e = (\alpha_0 - \beta_0)/(\beta_1 - \alpha_1)$ で，(3-1) と (3-2) を等しいとおいて p を求めると得られます．これは需要と供給が均衡しているとしたときの価格に等しいので，均衡価格と呼ぶことができます．また $\lambda = \gamma(\alpha_1 - \beta_1)$ で，α_1，β_1，γ の符号から $\lambda < 0$ です．

(3-4) は微分方程式と呼ばれるものですが，これを解くと，初期条件，すなわち時点 0 での価格を $p(0) = p_0$ として

$$p(t) = p_e + (p_0 - p_e)e^{\lambda t} \tag{3-5}$$

が得られます（e は自然対数の底で 2.71828…）．

いまの場合，パラメータの符号条件から $\lambda < 0$ ですから，$e^{\lambda t}$ は t が大きくなるとき 0 に近づきます．したがって価格は時間がたつとその均衡値 p_e に落ち着くことがわかります．

§13 くもの巣モデル

次に，有名なくもの巣モデル（cobweb model）をとりあげてみましょう．

$$q_t = \alpha + \beta p_{t-1} \tag{3-6}$$
$$p_t = \gamma + \delta q_t \tag{3-7}$$

ここで，(3-6) が供給関数，(3-7) が需要関数で，したがってパラメータの符号条件は，$\beta > 0$，$\delta < 0$ です．(3-6) の供給関数の特徴は，供給量が前期の価格に依存しているとしていることで，これはたとえば農産物の場合に，今年の値段が高いと農家が来年は競ってそれを作ろうとして作付量が増えるというようなケースを表わしています．また初期条件は q_0 とします．

これら二つの方程式を組み合わせると

$$q_t = \alpha + \beta\gamma + \beta\delta q_{t-1} \tag{3-8}$$

が得られます．これは q についての定差方程式と呼ばれるものです．これは，次のように考えて解くことができます．いま q に均衡値があるとし，それを q_e とすると，q_e もまたこの方程

式を満足するはずです．そして均衡値であるということは，相続く二つの期間で，q が同じ値に止まっていることを意味しますから，次の関係が成立しなければなりません．

$$q_e = \alpha + \beta\gamma + \beta\delta q_e \qquad (3\text{-}9)$$

したがって

$$q_e = \frac{\alpha + \beta\gamma}{1 - \beta\delta} \qquad (3\text{-}10)$$

です．(3-9) を (3-8) から引くと

$$q_t - q_e = \beta\delta(q_{t-1} - q_e) \qquad (3\text{-}11)$$

が得られます．

(3-11) で $t=1$ とすれば

$$q_1 - q_e = \beta\delta(q_0 - q_e)$$

であり，$t=2$ とすれば

$$q_2 - q_e = \beta\delta(q_1 - q_e) = (\beta\delta)^2(q_0 - q_e)$$

が得られます．以下次々に $t=3$, $t=4$, … として計算すれば，結局

$$q_t - q_e = (\beta\delta)^t(q_0 - q_e)$$

すなわち

$$q_t = q_e + (\beta\delta)^t(q_0 - q_e) \qquad (3\text{-}12)$$

となります．

このモデルは，$|\beta\delta| < 1$ ならば (3-12) の右辺の第 2 項は t が大きくなると 0 に近づき，

$$q_\infty = q_e \qquad (3\text{-}13)$$

となりますから，明らかに安定的です．ところで，β は価格軸に対する供給直線の傾斜ですから，数量軸に対するその傾斜は $\beta' = 1/\beta$ となり，したがってモデルの安定条件は $|\delta/\beta'| < 1$ となります．すなわち，需要直線の（数量軸に対する）傾斜の方が供給直線のそれより絶対値として小さいときにモデルは安定的です（図 3-1 の(a)の場合）．

これに対して $|\delta/\beta'| = 1$ のとき，すなわち両方の傾斜の絶対値が等しいときには，$q(t)$ は同じ振幅で均衡値の上下を振動

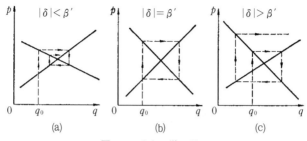

図 3-1 くもの巣モデル

します（図 3-1 の(b)の場合）．$\delta/\beta' = -1$ ですから，(3-12) の第 2 項は 1 期ごとに符号が変わります．最後に $|\delta/\beta'| > 1$ すなわち需要直線の傾斜の絶対値の方が大きいときには，モデルは発散することになります（図 3-1 の(c)の場合）．図 3-1 の(a)や(c)の場合にはちょうどくもの巣のような図になることから，このモデルはくもの巣モデルと呼ばれるのです．

§14 乗数と加速度の交互作用モデル

サミュエルソンは次のようなマクロ・モデルを考えました．

$$Y_t = C_t + I_t \tag{3-14}$$
$$C_t = \alpha Y_{t-1} \tag{3-15}$$
$$I_t = \beta(C_t - C_{t-1}) + \gamma \tag{3-16}$$

ここで，$Y=$ 所得，$C=$ 消費，$I=$ 投資で，パラメータの符号条件は，$\alpha > 0$，$\beta > 0$ です．

(3-14) は所得の定義式，(3-15) は消費関数，(3-16) は投資関数です．

この投資関数では，投資は二つの部分から成り立っています．一つはいわゆる加速度部分で，消費の増加 $C_t - C_{t-1}$ によってひきおこされる部分であり，あと一つは消費と独立な投資 γ です．γ は，いまの場合のように定数であっても，また時間の関数であってもかまいません．この γ は独立投資とか自立的投資と呼ばれ，たとえば，政府の公共投資の大きな部分はこ

のような性格をもつと考えられるでしょう．これに対して，加速度部分を誘発投資と呼ぶことがあり，民間の設備投資の相当な部分がそれに当たると考えられます．

　ここで (3-15) で t を $t-1$ としますと

$$C_{t-1} = \alpha Y_{t-2} \tag{3-17}$$

ですから，これと (3-15) を (3-16) に代入し，

$$I_t = \alpha\beta Y_{t-1} - \alpha\beta Y_{t-2} + \gamma \tag{3-18}$$

が得られます．そこで (3-15) と (3-18) を (3-14) に代入して整理しますと

$$Y_t - \alpha(1+\beta) Y_{t-1} + \alpha\beta Y_{t-2} + \gamma \tag{3-19}$$

という方程式が得られます．これは相続く 3 期の Y の間の関係を示したもので，2 期の遅れを含んでいるので 2 階の定差方程式と呼ばれるものです．この方程式を解くと Y が時間的にどのような動きをするかがわかるのですが，問題は Y が何らかの均衡的な水準に落ちつく（収束する）ような動きを示すのか，それとも発散的な動きをするのか，また Y の動きが循環的なパターンをとるのかどうかということです．これは (3-19) で右辺を 0 とした方程式

$$Y_t - \alpha(1+\beta) Y_{t-1} + \alpha\beta Y_{t-2} = 0 \tag{3-20}$$

の解を求めるとわかります．

　いまこの方程式の解が

$$Y_t = a\lambda^t \tag{3-21}$$

のような形をしていると仮定し，これを (3-20) に代入して全体を $a\lambda^{t-2}$ で割ると

$$\lambda^2 - \alpha(1+\beta)\lambda + \alpha\beta = 0 \tag{3-22}$$

という λ についての 2 次方程式が得られます．これをこのモデルの特性方程式と呼びますが，2 次方程式の根の公式によりその二つの根（それを λ_1, λ_2 と書きます）を求めると

$$\lambda_1, \lambda_2 = \frac{\alpha(1+\beta) \pm \sqrt{\alpha^2(1+\beta)^2 - 4\alpha\beta}}{2} \tag{3-23}$$

が得られます．このとき

$$Y_t = a_1\lambda_1{}^t + a_2\lambda_2{}^t \qquad\qquad (3\text{-}24)$$

という形のものが (3-20) の解となることがわかります ((3-24) を (3-20) に代入して計算すれば確かめられます).

　ここで, 上の解のいろいろな場合について, Y_t の時間的変動の型を調べてみますと, 次のようになります. まず大別して, 1) (3-23) の分子の平方根の中がプラスの場合, または2) 0の場合 (この場合は二根は等しくなりますのでそれを λ と書きます) には循環変動はありませんが, それが 3) マイナスの場合には循環変動が生じます. また, 1) では特性方程式の二根 (これはともに正) のうち大きい方, すなわち λ_1 の値が, 2) では λ の値が, それぞれ 1 より小か大かによって, Y_t は収束または発散します. 3) では $\sqrt{\alpha\beta}$ の値が 1 より小か大かによって収束または発散となります. これらの条件はすべて α および β の値の間の関係によって決まり, それらをまとめると次のように四つの場合にわかれます.

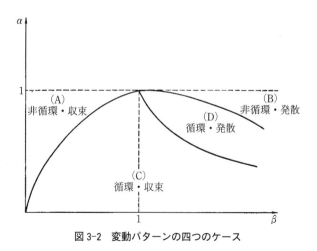

図 3-2　変動パターンの四つのケース

(A) $\quad \alpha > \dfrac{4\beta}{(1+\beta)^2}, \quad \beta < 1 \qquad$ 非循環・収束

(B) $\quad \alpha > \dfrac{4\beta}{(1+\beta)^2}, \quad \beta > 1 \qquad$ 非循環・発散

(C) $\quad \alpha < \dfrac{4\beta}{(1+\beta)^2}, \quad \alpha\beta < 1 \qquad$ 循環・収束

(D) $\quad \alpha < \dfrac{4\beta}{(1+\beta)^2}, \quad \alpha\beta > 1 \qquad$ 循環・発散

以上のような α と β の値の関係による四つの場合の区分を図に示したものが図 3-2 であり，また四つのそれぞれの場合の Y_t の変動のだいたいのかたちを図示したものが図 3-3 です．

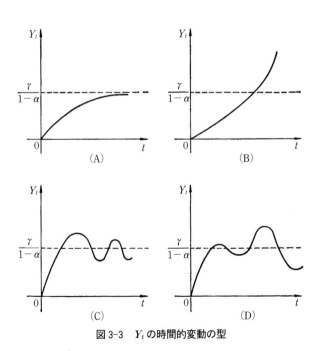

図 3-3 　Y_t の時間的変動の型

4 マクロ経済モデル

§15 コンパクトなマクロ経済モデル

　前章でとりあげたモデルは，すべてそれを数学的に解き，得られた解から経済学的命題を導き出すためのものでした．それに対して計量経済学のモデルは，数学的に操作されるよりも，それが現実のデータにあてはめられたとき，現実の経済の動きをどれだけよく再現できるかが問題にされるような性格のものです．したがってそこでは，いろいろな経済変数の間にどのような因果的な決定・被決定関係があるかを考えることが中心的な問題となります．本章では，とくにマクロ経済学の領域でのそのようなモデルをいくつかとりあげましょう．

　いわゆるマクロ経済学の発展にともなって，国民経済全体の構造と動きを一群の方程式で表わして研究しようとする試みが多くの人々によって行われてきました．本節では一つのコンパクトなマクロ経済モデルを紹介し，経済モデルの構築がどのように行われるかについて説明しましょう*．実際に政府や経済調査機関などが予測あるいは政策決定に用いるモデルは以下に示すものよりもずっと多くの変数と方程式を含んだ大きなものですが，ここではコンパクトなモデルでマクロ経済モデルの感触をつかんでもらおうというわけです．

　このモデルは表 4-1 に示したような 13 個の内生変数と 5 個の外生変数を含んだものであり，したがって 13 本の方程式から成っています．そのうち 9 本が行動方程式，1 本は制度方程式，残りの 3 本は定義的恒等式です．図 4-1 にこのモデルのいわゆるブロック・ダイアグラムを示しました．矢印が影響（因

----

*　このモデルは巻末文献〔13〕によるものです．

表 4-1　モデルの変数

内生変数（記号アルファベット順）		方程式番号	方程式種類
C	消費	(4-6)	行　動
GNP	総国民所得	(4-1)	定　義
IIN	在庫投資	(4-16)	行　動
INR	非住宅投資	(4-11)	行　動
INV	在庫ストック	(4-13)	定　義
IR	住宅投資	(4-12)	行　動
P	物価水準	(4-19)	行　動
RL	長期利子率	(4-18)	行　動
RS	短期利子率	(4-17)	行　動
T	租税	(4-2)	制　度
UR	失業率	(4-21)	行　動
W	賃金率	(4-20)	行　動
YD	可処分所得	(4-3)	定　義
外生変数			
G	政府支出		
GNPN	潜在的 GNP		
LIQ	流動性		
M	マネー・サプライ		
T_0	付加税		

果関係）の働く方向を示しています．

　このモデルでは，輸出と輸入は常に均衡していると仮定し，*GNP* の会計的恒等式から落とされています．そこでまず *GNP* は消費 *C* と総投資 *I* と政府支出 *G*（いずれも実質）とから成り，*I* は非住宅投資（工場・設備）*INR*，住宅投資 *IR*，および在庫投資 *IIN* とに分けられます．したがって *GNP* の恒等式は

$$GNP = C + INR + IR + IIN + G \qquad (4\text{-}1)$$

となります．

　次に租税方程式は

$$T = t \cdot GNP + T_0 \qquad (4\text{-}2)$$

と表わされます．ここで *t* は平均税率です．したがって可処分

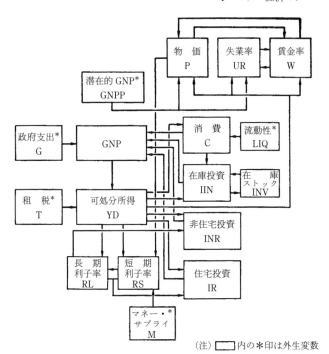

(注) ☐内の＊印は外生変数

図4-1 マクロ経済モデルのブロック・ダイアグラム

所得 YD は次の恒等式で与えられます.

$$YD = GNP - T = (1-t)GNP - T_0 \qquad (4\text{-}3)$$

GNP の第1の構成要素である消費は可処分所得 YD の関数であると考えられます. それも単に当期の YD だけでなく, 過去の YD の遅れをもった影響を受けると考えられますから

$$C_t = \sum_{i=0}^{n} \beta_i YD_{t-i} \qquad (4\text{-}4)$$

と定式化することができます. しかし, もっと便利なのは

$$C_t = a_0 + a_1 YD_t + a_2 C_{t-1} \qquad (4\text{-}5)$$

というかたちです. これはコイック型分布ラグと呼ばれる関数

です（§49を参照）．しかし，消費は可処分所得だけでなく消費者の保有する資産によっても影響を受けると考えられますから，その影響を流動性 LIQ（要求払い預金＋定期預金）を代理変数として考慮することにすると，消費関数は

$$C = f_1(YD, LIQ, C_{-1}) \tag{4-6}$$

と表わされます．

　非住宅（工場・設備）投資 INR は，まず可処分所得 YD の影響を受けます．YD の変化と投資の決定，そしてさらに実際の投資支出の間には通常かなりの遅れがありますから，YD の影響はやはり時間的に分布します．INR はまた長期利子率 RL に，しかもかなりの遅れ（ここでは k 期とします）をもって影響されると考えられます．また現存の資本ストック K にも依存するでしょう．そこで

$$INR = f_2(YD, YD_{-1}, ..., RL_{-k}, K) \tag{4-7}$$

が考えられます．しかし資本ストックのデータの利用可能性については問題があるので，次のようにしてこの問題を回避します．INR（粗投資）は資本ストックの変化 ΔK（純投資）と減価償却 D との和ですから

$$INR = \Delta K + D \tag{4-8}$$

です．いま（4-7）において K に関する部分が他の変数の部分と分離できるとし

$$INR = f_2(YD, YD_{-1}, ..., RL_{-k}) + \beta_1 K \quad \beta_1 < 0 \tag{4-9}$$

とすると，ここで第1階差をとって

$$\Delta INR = \Delta f_2(YD, YD_{-1}, ..., RL_{-k}) + \beta_1 \Delta K \tag{4-10}$$

となります．ここで第1階差をとるということは $INR_t - INR_{t-1}$ を計算するという意味です．（4-8）から $\Delta K = INR - D$ ですから，（4-10）は

$$\Delta INR = f_2(\Delta YD, \Delta YD_{-1}, ..., \Delta RL_{-k}, INR, D) \tag{4-11}$$

とも書くことができるでしょう．なお，このモデルでは D は比較的安定しているとして定数項に含められています．

　次に住宅投資については

$$IR = f_3(YD, RS, RL - RS) \tag{4-12}$$

という関数が考えられます．ここで IR が所得やローンの利子率に依存するのは当然として，長短利子率の差に依存するとされているのは，金融が引きしまるときには短期利子率が長期利子率に近づくということから，$RL - RS$ が住宅ローンのアヴェイラビリティ（利用可能性）の代理変数として用いられているのです．

次に在庫投資 IIN について考えますと，恒等式

$$INV_t = INV_{t-1} - IIN_t \tag{4-13}$$

が成り立ちます．ここで在庫ストックの水準を所得，消費および前期の在庫ストックの一次式と考えますと

$$INV_t = d_1 YD_t + d_2 C_t + d_3 INV_{t-1} \tag{4-14}$$

と書けます．この方程式の第 1 階差をとりますと

$$\Delta INV_t = IIN_t = d_1 \Delta YD_t + d_2 \Delta C_t + d_3 IIN_{t-1} \tag{4-15}$$

が得られます．また，在庫ストックが高水準ですと在庫投資を減らしてそれを下方に調整しようとする力が働きますから，在庫投資は在庫ストックからマイナスの影響を受けると考えられます．そこで在庫投資関数は

$$IIN = f_4(\Delta YD, \Delta C, INV, IIN_{-1}) \tag{4-16}$$

となります．

このモデルには長短の利子率が含まれていますが，まず短期利子率は所得 YD，実質マネー・サプライの変化率 $\Delta M / M$，および現在および過去のインフレ率に依存すると考えられます．利子率はマネー・サプライの水準には直接には依存しないかたちになっていますが，YD を通じて間接的に依存します．というのは，貨幣需要は YD に比例すると考えられ，YD が増加すれば貨幣需要は増大し，したがってもし M が一定であれば利子率は上昇するからです．そこで RS は

$$RS = f_5\left(YD, \frac{\Delta M}{M}, \frac{\Delta P}{P}\right) \tag{4-17}$$

と表わされます．

　他方，長期利子率 RL は短期利子率の水準およびその変化に遅れ（コイック・ラグ）をもって反応すると考えられます．またそれは所得の変化にも依存します．したがって

$$RL = f_6(RS, \varDelta RS, \varDelta YD, RL_{-1}) \tag{4-18}$$

と表わされます．したがって貨幣政策（マネー・サプライの変化）は RS を通じて間接的にしか RL に影響しませんが，GNP の変化は RS を通じて間接的に，また YD を通じて直接的にも RL に影響を与えます．

　このモデルにおける重要な変数は物価水準 P です．P は賃金率 W と GNP とに依存すると考えられます．方程式では物価の変化率，すなわちインフレ率が賃金の変化率と所得の変化率の関数として表わされます．インフレ率はさらに財およびサービスに対する超過需要のいかんによっても変化します．この超過需要は外生変数である潜在的 GNP（$GNPP$）を用いて $GNP - GNPP$ で測定されます．これはもちろんマイナスにもなり得ます．また，今日のインフレ率は最近のインフレ率にも依存します．高いインフレ率が続くと人々の心理にはインフレ期待が生じ，現在および将来の物価にインフレ的圧力となるからです．以上から次のような方程式が考えられます．

$$\frac{\varDelta P}{P} = f_7\Big(\frac{\varDelta W}{W}, \frac{\varDelta YD}{YD}, GNP - GNPP, \frac{\varDelta P_{-1}}{P_{-1}},$$
$$\frac{\varDelta P_{-2}}{P_{-2}}, \cdots\Big) \tag{4-19}$$

　次に賃金率は過去の物価水準，所得の変化，失業率，および過去の賃金率の関数と考えられます．すなわち

$$W = f_8(P_{-1}, \varDelta YD, UR, W_{-1}) \tag{4-20}$$

です．

　最後に，失業率は現在および過去の所得の変化率，超過需要，および賃金率に依存します．失業率は国民所得が急速に上昇するときほど低く，実際の GNP が潜在的 GNP に近いほど低く，また賃金が上昇する時には企業は雇用を控えるため失業

率は上昇すると考えられます．そこで

$$UR = f_9(\Delta YD, \Delta YD_{-1}, ..., GNP - GNPP, W) \qquad (4\text{-}21)$$

と表わされます．

　以上のようなマクロ・モデルを使って，いろいろな予測や，例えば貨幣政策，租税政策，賃金・物価統制などの政策実験が可能となるでしょう．

§16　消費関数

　消費関数は国民経済における最も重要な行動主体である消費者の行動をマクロ的にとらえた関数であり，それをめぐってこれまでにさまざまな学説が提示されてきました．そしてそれぞれの学説にしたがった消費関数が計測されてきたのです．

　最初の消費関数は，総消費 C が総所得 Y の絶対水準に依存するという，いわゆる**絶対所得仮説**（absolute income hypothesis）によるものです．いま線形関係を仮定すると，これは

$$C = \alpha + \beta Y \qquad (4\text{-}22)$$

と表わされます．ここで α も β もともに正の定数です．β は所得の 1 円の増加が消費を何円増加させるかを表わすもので，限界消費性向と呼ばれ，1 より小さい値をとります．

　ところで，この (4-22) から消費性向 C/Y を求めると

$$\frac{C}{Y} = \frac{\alpha}{Y} + \beta \qquad (4\text{-}23)$$

となり，所得が上昇すると，消費性向は低下することになります．しかし，各国の経験的事実によれば，確かに所得階層間では上の階層ほど消費性向は低くなる傾向はありますが，マクロ的には長期的に実質所得が上昇してきたのにもかかわらず消費性向は低下していないということです．

　そこで絶対所得仮説で説明できないこの事実を説明すべく登場したのが**相対所得仮説**（relative income hypothesis）です．この仮説では，個々の家計の消費性向を，その家計の絶対所得ではなく，社会の所得分布の上でのその家計の相対的地位の関

数であると考えます．いまこの相対的地位を表わすのに，社会の平均所得 $\overline{Y}$ に対するその家計の所得 Y の比率 $Y/\overline{Y}$ を使って，(4-23) の Y の代わりに $Y/\overline{Y}$ を入れ

$$\frac{C}{Y} = \frac{\alpha}{Y/\overline{Y}} + \beta \tag{4-24}$$

を考えます．

　ここで，もし社会の平均所得 $\overline{Y}$ が一定で，ある家計の所得が所得分布上を上っていくと，$Y/\overline{Y}$ は上昇し消費性向は低下します．これが所得階層間で横断的に見たときの関係です．ところが，個々の家計所得 Y が時とともに上昇するとき，社会の平均所得 $\overline{Y}$ も平行的に上昇し，その結果所得分布上の家計の相対的地位が変わらない場合には，消費性向も一定にとどまります．これが長期的に見た消費関数に反映します．このように解釈しますと，所得階層間での消費性向の格差とマクロ的消費性向の長期的安定性との矛盾が調和的に説明できることになります．

　以上のように，個々の家計の消費行動を，その家計の所得水準だけの関数でなく，それをとりまく社会における家計の相対的地位の関数でもあるとすることは，家計間で消費行動が独立でなく相互依存的であるという一つの社会心理学的な仮説を導入したことになります．たとえば高所得者と接触の多い人は，周囲の高消費水準のいわゆる**デモンストレーション効果**（demonstration effect）によって消費性向が高められるということも同様な考え方です．このような仮説はデューゼンベリー（J. S. Duesenberry）によって提案されました．

　広い意味で相対所得仮説に含めることのできるもう一つの仮説として**慣習仮説**（habit hypothesis）があります．これは消費が単にそのときどきの所得 Y_t だけの関数でなく，過去の最高所得水準 Y_t^0（t 期までの過去の最高所得）の関数でもあるとし，消費慣習の硬直性と消費行動の非可逆性の要素を考えたものです．モディリアニ（F. Modigliani）は実質単位で次のよ

うな関数を考えました.

$$\frac{C_t}{Y_t} = \alpha + \beta \frac{Y_t - Y_t^0}{Y_t} \quad \text{ただし } \beta < 0 \qquad (4\text{-}25)$$

消費者は一般に所得が低落しても消費の惰性から消費水準を比例的に下げようとはしません. (4-25) において, 景気後退期では $Y_t - Y_t^0$ は負となるでしょうが, b が負ですから消費性向 C_t / Y_t は上昇することになります. これに対して, 年々過去の最高所得水準を更新しているような好況期では, $Y_t^0 = Y_{t-1}$ ですから, 実質所得の年成長率が一定であれば, 消費性向も一定にとどまります. なお前述のデューゼンベリーも同じ趣旨の消費関数として

$$\frac{C_t}{Y_t} = \alpha + \beta \frac{Y_t}{Y_t^0} \quad \text{ただし } \beta < 0 \qquad (4\text{-}26)$$

を構成しました.

(4-25) や (4-26) のような関数は, 消費者行動における慣習惰性を相対所得の形でとり入れており, 一種の相対所得仮説ですが, 特に慣習仮説とも呼ばれています.

以上のような相対所得仮説に対して, 消費に対する流動資産の効果を考慮することにより絶対所得仮説を修正したのがトービン (J. Tobin) の**流動資産仮説** (liquid assets hypothesis) です. トービンは, 消費 C の説明変数として絶対所得 Y のほかに消費者の保有する流動資産量 M を導入し, 流動資産の放出によって消費支出がなされるということを考慮した消費関数を提案しました. すなわち

$$C = \alpha + \beta Y + \gamma M \quad \text{ただし } \gamma > 0 \qquad (4\text{-}27)$$

がそれであり, この両辺を Y で割りますと

$$\frac{C}{Y} = \beta + \frac{\alpha}{Y} + \gamma \frac{M}{Y} \qquad (4\text{-}28)$$

となります.

もし流動資産効果がなければ Y の上昇につれて消費性向 C/Y は低下するはずですが, 実際にはたいていの国でマー

シャルのkすなわちM/Yが長期的に上昇を示しているため，このC/Yの潜在的低下傾向が相殺されてしまい，長期的安定という現象が見られるというのです．

　一見矛盾する消費関係のデータを統一的に解釈しようとフリードマン（M. Friedman）が提示したもう一つの仮説が**恒常所得仮説**（permanent income hypothesis）です．ここでは，消費の主要説明変数である実際所得Yが，定期的に収入として入ることが確実に予想される恒常所得Y_Pと，臨時的な変動所得Y_Tとに分けられます．そして消費Cについては

$$C = k Y_P \qquad (4\text{-}29)$$

という関係が成立し，ここで恒常所得からの消費性向kは，利子率，資産・所得比率，そのほか消費者の効用関数の形を決める要因の関数ではありますが，消費者の選好スケールが変わらない限り，所得水準とは無関係に一定であると考えられます．(4-29) の両辺をYで割ると

$$\frac{C}{Y} = k \frac{Y_P}{Y} \qquad (4\text{-}30)$$

が得られますが，これは現実の消費性向C/Yが実際所得に占める恒常所得の割合に正比例することを表わしています．そこでこの仮説は，簡単にいえば，実際所得中の恒常所得の割合が大きいほど消費性向は高く，変動所得の割合が大きいほど貯蓄性向が高まるということになります．

　統計上の所得階層は実際所得で分けられていますから，高所得階層ほど変動所得が正で大きいような家計を多く含み，低所得階層ほど変動所得が負の家計を多く含んでいると考えられます．したがって高所得階層ほど消費性向は低い値を示すのです．また，景気下降期には残業の減少などで変動所得の割合が低下して消費性向は高まりますが，景気上昇期には恒常所得も年々増大しますから，その限りでは消費性向は低下せず，景気循環の局面での消費性向の動きは非対称的です．次に，全所得階層についての平均所得が恒常所得に等しいと想定できれば，

長期的には，どの年次についても消費は恒常所得と比較される
ため消費性向は一定の値を示すと考えられます．なお，恒常所
得仮説に関係深いものとして，貯蓄の**ライフ・サイクル理論**が
ありますが，これは貯蓄率が若年から中年にかけて上昇し，老
年に低下するという現象を説明するものです．

　以上のようないろいろな仮説の出現は消費関数論争と呼ばれ
た一連の論争によるものですが，これらの仮説は排他的なもの
というよりも現実の消費行動のそれぞれある側面を説明してい
るものといえるでしょう．したがって，実際的な予測や政策目
的のために利用するとなると，どれも単独では十分ではなく，
それらを組み合わせた消費関数が用いられます．またここにあ
げられた以外の要因をも含めてより精緻化したモデルが用いら
れたり，消費をもっと細分化して分析がなされたりします．た
とえば昭和52年度の経済白書では，恒常所得仮説に加えて，
「消費者不快指数」という要因を導入して消費性向を計測して
います．この指数は，雇用状勢が悪化して失業率が上昇した
り，消費者物価が上昇してインフレ心理がひろがったりする
と，消費者は生活防衛意識を高め，消費意欲が冷却すること，
また，ローン返済額等の非任意的な控除が増大すると消費を引
き締めるというようなことを考慮してつくられたもので，$a=$
完全失業率，$b=$消費者物価上昇率，および $c=$非任意控除率
の三つの幾何平均で定義されています．そして

$$\frac{C}{Y} = 35.343 + 0.649\frac{Y_P}{Y} - 0.048X \qquad (4\text{-}31)$$

が得られています．ここで C/Y は消費性向，Y_P/Y は恒常所
得比率，$X = \sqrt[3]{a \times b \times c}$ です．これにより，不快指数 X が増大
すると消費性向は低下することが示されています．

　もう一つ例をあげると，昭和56年度の経済白書では次のよ
うな消費関数が計測されています．

$$C = 2175.016 + 0.1483Y_d + 0.2132ye \cdot Y_d$$
$$+ 0.3902C_{-1} + 0.0234K_{-1} \qquad (4\text{-}32)$$

ここで C＝実質消費支出, Y_d＝実質可処分所得, ye＝期待所得上昇率, C_{-1}＝前年度 C, K_{-1}＝前年度末実質流動資産（貯蓄）残高です. ここでは慣習仮説と流動資産仮説, それに消費者の期待要因の働きが考慮されているわけです.

§17　設備投資関数

消費者とならんで企業は民間の経済活動をになう二大主体です. そしてその活動のなかで設備投資は最も重要なものといえるでしょう. 設備投資関数は, このような民間企業の設備投資行動がどのように決定されるかを表わす行動方程式です. 設備投資に影響する要因は数多く, その行動を決定する関係は消費行動にくらべるとずっと複雑です. したがって, 設備投資関数としていろいろなものが多くの人々により提案され, 実証が試みられてきました.

設備投資には, 人口増加, あるいは新技術の導入によるイノヴェーションのような経済にとって通常外生的要因と考えられるものによるもの（これを自立的投資といいます）と, 経済内的要因の動きと直接関連づけて考えられるもの（これを誘発投資といいます）とがありますが, たとえば需要の増加によって誘発される投資にしても, その具体的大きさは生産量と所要設備投資額との間の関係によって異なり, それは技術変化によって影響を受けるわけで, 両者の区別は厳密にはできません. いずれにせよ, 基本的には新資本設備に対する需要が決定される関係を考えなければなりません.

企業が新資本設備に対する投資を決意する場合, それは旧設備を更新したり, あるいはそれにともないまたはそれと独立に能力の増強をはかることを意味します. そのためには, その生産物に対する需要の持続あるいは増大について確実な見通しのあることが必要です. マクロ的にはそれは国民生産や有効需要の水準あるいはその変動によって誘発されると考えられます.

いま生産ないし所得 Y がある量 ΔY だけふえるとその β 倍

だけの投資 I がひきおこされるとしますと，

$$I = \beta \varDelta Y \tag{4-33}$$

であり，この考え方を**加速度原理**といい，β を**加速度係数**（accelerator）と呼びます．加速度原理は，資本ストック量の変化つまり投資の大きさと生産量の変化との間に一定の技術的な比率関係が存在することを想定しています．これに対して，投資 I は生産量ないし所得の増加率の関数というよりは，むしろその水準の関数であると考えますと，I と $\varDelta Y$ とではなく，I と Y ないし $\varDelta I$ と $\varDelta Y$ とが結びつけられることになり，その間の係数を γ と書けば

$$\varDelta I = \gamma \varDelta Y \tag{4-34}$$

となります．ここで γ は限界投資性向と呼ばれ，この考え方は**速度原理**と呼ばれます．また，生産が利潤のバロメータともなることに着目して**利潤原理**とも呼ばれます．

　加速度原理は投資関数を構築する場合の一つの代表的な考え方ですが，それについては，生産量の増加の前に余剰能力が存在しないことを仮定しているという批判が成立します．これに対しては，余剰能力は主として景気循環的現象であり，加速度は景気上昇期に作用し，下降期には作用しないという考え方や，さらに規模に関する収益逓増がある場合の利潤最大化から余剰能力は長期的にも存在するというような考え方があり，その場合には生産量の変化だけでなく，生産量の水準や資本ストックが説明変数として考慮されます．

　また，加速度は技術的に純投資だけを扱うもので，更新投資を扱うには別の考え方を必要とします．しかし経験的には純投資と更新投資とを区別することは難しいか，あるいは不可能です．そこで更新投資を含めた粗投資を扱うために，更新投資が生産量の水準に依存するとか，あるいは資本ストックの年齢分布に依存すると考えて，設備投資関数にそのような変数を導入することが考えられます．資本ストックの年齢が高くなるほど更新投資需要が大になることを**こだま効果**（echo effect）とい

います.

　単純な加速度原理にはさらに，企業は投資に必要な資金をほとんどあるいはまったく困難なしに調達できると仮定している，という難点があります．そこで投資資金の利用可能性を考慮するために，利潤（留保利潤），企業保有の流動資産や外部資金供給量のような要因が導入されることになります．これを**アヴェイラビリティ**（availability）**原理**あるいは**キャッシュ・フロー**（cash flow）**原理**といいます.

　資本ストック調整（capital stock adjustment）**原理**もまた加速度原理のもつ難点を克服するために提示されたものです．いま企業の予想生産量 Y_t^* に対する適正な資本ストック K_t^* の比率を

$$k = K_t^*/Y_t^* \tag{4-35}$$

と書き，t 期の（純）投資 I_t は適正な資本・生産量比率を達成するように行われるとすれば

$$I_t = K_t^* - K_{t-1} = kY_t^* - K_{t-1} \tag{4-36}$$

と表わせます．しかしこのような適正資本ストックへの調整は各期ごとに完全に行われるのでなく，ある割合 $\alpha(<1)$ だけ行われると考えますと，この調整係数 α を用いて

$$I_t = \alpha(K_t^* - K_{t-1}) = \alpha(kY_t^* - K_{t-1}) \tag{4-37}$$

と書けます．また生産量の予想について

$$Y_t^* = \beta Y_{t-1} \tag{4-38}$$

という予想方式を考えると（上昇期には $\beta>1$ となる），(4-37) は

$$I_t = \alpha k\beta Y_{t-1} - \alpha K_{t-1} \tag{4-39}$$

となり，ここで $\alpha k\beta = a$, $\alpha = b$ と書けば

$$I_t = aY_{t-1} - bK_{t-1} \tag{4-40}$$

というかたちの投資関数が導かれます．これはマシューズ（R. C. O. Mathews）型の投資関数とも呼ばれます.

　(4-40) はかたちの上では加速度原理と異なり，利潤原理に似ています．しかし以上の説明で明らかなように，その出発点

は加速度原理であり，実際 (4-40) において a が正常な資本・生産量比率 k に等しく，かつ $b=1$ の場合を考えると，静的予想下では $K_{t-1}=kY_{t-1}{}^{*}=kY_{t-2}$ ですから

$$I_t = aY_{t-1} - bK_{t-1} = k(Y_{t-1} - Y_{t-2}) \qquad (4\text{-}41)$$

となります．これは加速度原理そのものです．

ところで $b=\alpha=1$ という仮定はストック調整が 1 期で行われることを意味していますから，過剰能力は存在しないことになり，また $a=k$ という仮定は $\alpha=1$ とあわせると $\beta=1$，すなわち予想が静的なものであることを意味しています．これに対して資本ストック調整原理は一般的には過剰能力の存在の可能性と動的予想の役割を考慮に入れたモデルであり，しかも上に述べたように加速度原理を特殊な場合として含んでいるとも解釈できるわけです．

以上のように設備投資関数のモデルの定式化にはさまざまな考え方がありますが，ジョルゲンソン（D. W. Jorgenson）は二つのポイントが重要であるとしています．第 1 は，適正ないし所望資本ストックの水準がどのような要因によって決定されるのかということです．ここでは生産量との間の技術関係のほかに，資本ストックの相対価格（利子率も含めて）も関係してくるでしょう．第 2 には，現実の資本ストックを所望資本ストックへ調整するプロセスにおける遅れ（ラグ）がどのようなものであるかということです．ここでは調整の心理的反応や，資本設備の発注から操業可能になるまでの時間的経路を，多期間にわたる遅れの構造で考えようとするもので，いわゆる**分布ラグ**の考え方がその典型です（分布ラグについては，§49 を参照）．

設備投資関数の計測を大規模に行った研究としてはマイアー（J. R. Meyer）とクー（E. Kuh）のもの[*]が有名で，そこでは企業別のデータを用いて産業別に，時系列的分析と企業横断的分

---

[*] *The Investment Decision*, Harvard University Press, 1957

析とが行われています．そしてモデルとしては売上高を主説明
変数とした売上高モデルと，利潤を主説明変数とした利潤モデ
ルとが計測されています．それらは一般的な関数型で示せば次
のようなものです．

　横断面モデル

$$I_t = f_1(S_t, D_{t-1}, A_{t-1}, S'_t, C_t, L_{t-1}) \qquad (4\text{-}42)$$

$$I_t = f_2(P_t \text{ or } P_{t-1}, D_{t-1}, A_{t-1}, S'_t, C_t, L_{t-1}) \quad (4\text{-}43)$$

　時系列モデル

$$I_t = g_1(S_t, R_t, E_{t-1}, W_{t-1}) \qquad (4\text{-}44)$$

$$I_t = g_2(P_t \text{ or } P_{t-1}, R_t, E_{t-1}, W_{t-1}) \qquad (4\text{-}45)$$

ここで，I＝粗投資，S＝売上高，P＝純利潤，D＝減価償却
費，A＝減価償却積立金（設備の年齢の尺度と考えられる），
S'＝売上高変化（$S_t - S_{t-1}$），C＝所要能力（現在売上高×固定
資産・売上高比率の過去最高値），L＝純当座資産（＝流動資
産－棚卸資産－流動負債），R＝利子率（A級社債利回り），
E＝当該産業株価指数，W＝労働の相対価格（労働費用と資本
費用の指数の比率）です．（4-42）と（4-44）が売上高モデル，
（4-43）と（4-45）が利潤モデルです．また，横断面モデルでは
企業規模の影響を考えて変数はすべて企業ごとに総固定資産に
対する比率で考えられています．

　日本の経済白書からマクロ的設備投資関数の計測例をひろっ
てみますと，昭和54年度の経済白書に次のような関数が示さ
れています．

$$I_t = 234.5548 + 0.1259 Y_t - 0.1171 K_{-1} + 0.7588 I_{t-1}$$
$$+ 0.1241 L_t \qquad (4\text{-}46)$$

これは四半期ベース（データは季節調整ずみ）で計測されたも
ので，I＝実質民間企業設備投資，Y＝総需要（＝国民総支出
＋輸入等），K＝民間企業資本ストック，L＝法人企業部門現
預金残高です．ここには本節で説明したいろいろな考え方が組
み合わせて採用されていることがわかるでしょう．

Ⅲ　計量経済モデル

5 経済モデルから計量経済モデルへ

§18 「計量」がなぜ必要か

これまで，例示の目的以外には変数やパラメータに特定の数値を与えることを考えず，もっぱら代数的にモデルを扱ってきました．たとえば，§14でとりあげたサミュエルソンの乗数と加速度の交互作用モデルの場合を考えてみると，国民所得 Y についての定差方程式モデルを解いた結果，そこで説明したように，限界消費性向 α〔$1/(1-\alpha)$ が乗数〕と加速度係数 β のあいだの関係によって，Y の時間的変動のタイプにいろいろな場合があるということがわかったのです．

しかしながら，このような経済理論の成果を現実の経済に利用するためには，乗数や加速度係数の大きさが具体的にわからなければなりません．そうでなければ経済がどの変動型を示すかはわかりません．そこでそれらのパラメータの計測が必要となり，モデルは計量経済モデルとならなければなりません．

政府・日本銀行が金融引き締めのために公定歩合を引き上げようとするとき，たとえば公定歩合の１％上昇が，設備投資や在庫投資にどれだけ影響を与えるかが数量的に測定されなければ，景気への影響を十分よく考慮することはできません．また，政府が予算案を作成する場合でも，たとえば減税のような政策を考えるとき，それが景気にどう影響し，その結果租税収入がどれだけ変化し，国債発行にどれだけ響くかといった計測が必要です．

また企業の場合でも，自社製品に対する需要が数量的に予測されなければ，設備の増設計画や人員計画をたてることはできません．製品価格に対する市場の反応が予測できなければ具体的な価格決定は模索的にしかできません．

そこで政府にせよ企業にせよ，その政策決定・意思決定のために経済モデルを利用しようとすれば，それは計量経済モデルとならなければなりません．そこで，計量経済モデルとはどのような性格のものか，そこにはどのような問題があるかを少し突っ込んで考える必要がありますが，その前に計測がなぜ必要かということを，もう少しくわしく一つの簡単な例で考えてみましょう．

いま，ある会社がある一つの製品の売上額を増加させるために，価格の変更を考えているとします．この製品の価格を p，売上数量を q とすると，売上額 S は

$$S = pq \tag{5-1}$$

で表わされます．ここで，価格 p を変えますと，それに応じて売上数量 q も変化しますが，価格の変化の大きさを $\varDelta p$ とし，それに対応する売上数量の変化の大きさを $\varDelta q$ と書きましょう．このときの売上額の変化を $\varDelta S$ とすると

$$S + \varDelta S = (p + \varDelta p)(q - \varDelta q) \tag{5-2}$$

と書くことができます．ここで $\varDelta q$ の前の符号をマイナスにしたのは，ふつう他の条件が一定ならば，価格 p と需要量 q とは逆の方向に動く（p が上がれば q は下がる）ということを考えてのことです．

ここで (5-2) から (5-1) を引いて売上額の変化 $\varDelta S$ を求めると

$$\begin{aligned}
\varDelta S &= (p + \varDelta p)(q - \varDelta q) - pq \\
&= \varDelta p \cdot q - p \cdot \varDelta q - \varDelta p \cdot \varDelta q
\end{aligned} \tag{5-3}$$

となります．さらに S の変化率を考えると

$$\begin{aligned}
\frac{\varDelta S}{S} &= \frac{\varDelta p \cdot q - p \cdot \varDelta q - \varDelta p \cdot \varDelta q}{pq} \\
&= \frac{\varDelta p}{p} - \frac{\varDelta q}{q} - \frac{\varDelta p}{p} \cdot \frac{\varDelta q}{q}
\end{aligned} \tag{5-4}$$

となります．

価格の変化としては，あまり大幅でないものを考えるとしま

すと（たとえば5％とか10%くらい），(5-4) の最後の辺の第三項 $(\Delta p/p)(\Delta q/q)$ は，他の項に比べて一けたないし二けた小さい次数の値であると考えられますから，近似的に

$$\frac{\Delta S}{S} = \frac{\Delta p}{p} - \frac{\Delta q}{q} \qquad (5\text{-}5)$$

が成り立ちます．

　ここで問題は，価格の変化，たとえば，値上げ（これは $\Delta p > 0$ ということ）によって売上金額がふえるか（ΔS したがって $\Delta S/S > 0$），それとも減るか（ΔS したがって $\Delta S/S < 0$）ということです．そこで $\Delta p > 0$ のときの $\Delta S/S$ の符号を調べてみましょう．そうすると (5-5) から

$$\frac{\Delta S}{S} > 0 \;\text{は}\; \frac{\Delta q}{q} \Big/ \frac{\Delta p}{p} < 1 \;\text{のとき} \qquad (5\text{-}6)$$

$$\frac{\Delta S}{S} = 0 \;\text{は}\; \frac{\Delta q}{q} \Big/ \frac{\Delta p}{p} = 1 \;\text{のとき} \qquad (5\text{-}7)$$

$$\frac{\Delta S}{S} < 0 \;\text{は}\; \frac{\Delta q}{q} \Big/ \frac{\Delta p}{p} > 1 \;\text{のとき} \qquad (5\text{-}8)$$

ということがわかります．ここで

$$E_p q = \frac{\Delta q}{q} \Big/ \frac{\Delta p}{p} \qquad (5\text{-}9)$$

が基本的な役割をはたしていることがわかりますが，これを価格 p についての需要量 q の**弾力性**（elasticity），ないしは簡単に需要の価格弾力性といいます．

　一般に弾力性は，原因の変化率に対する結果の変化率の比率を表わすもので，x を原因，y を結果としますと

$$E_x y = \frac{\Delta y}{y} \Big/ \frac{\Delta x}{x} \qquad (5\text{-}10)$$

で定義されます[*]．

　(5-6)〜(5-8) により，需要の価格弾力性（絶対値）が1よりも小さいときには，価格の引上げは売上額の増加をもたらし，弾力性が1に等しいときには売上額は不変，弾力性が1より大

きいときには，価格の引上げは逆に売上額を減少させる，ということがわかりました[**]．このように，価格政策の売上額に対する効果は，価格弾力性の大きさによって測定されるのです．

　一般に，必需的商品の場合には需要の価格弾力性の絶対値は1よりも小ですから，価格引上げは売上額の増加をもたらします．政府が食料安定供給特別会計の赤字を減らそうとするときや，鉄道会社が収入をふやそうとするときには，必ず値上げによるのはこのような理論的根拠によるものです．

　このように，会社にとってその製品の価格引上げが売上額増加に導くか，それとも売上額減少に導くかを知るためには，その製品の需要の価格弾力性を計測して，その大きさが1より小か大かをみなければなりません．けれども，弾力性が1より小か大かということだけであれば，計測しなくても，その商品の性格からわかっていることが多いでしょう．それでも計測が必要なのは，価格をいくら上げたときに売上額がいくら増加するかということを知るためです．売上高の変化を単に定性的（増加とか減少という変化の方向）にでなく，定量的に予測するためには弾力性の数値的大きさがわからなければならず，どうしても計測が必要なのです．

§19　計量経済モデルにおける攪乱項の性質

前章まででとり扱った経済モデルについて，計測ということを考えようとすると，いろいろと困難な問題が起こってきま

---

[*] 厳密には，弾力性は原因の変化率を無限小にしたときの (5-10) の値です．すなわち

$$E_x y = \lim_{\Delta x \to 0} \frac{\Delta y}{y} \Big/ \frac{\Delta x}{x} = \lim_{\Delta x \to 0} \frac{\Delta y}{\Delta x} \frac{x}{y} = \frac{dy}{dx} \frac{x}{y} \qquad (5\text{-}10')$$

です．

[**] (5-10′) を用いれば，(5-6)〜(5-8) は近似式でなく正確に成り立ちます．q を p の関数としますと，$\dfrac{dS}{dp} = \dfrac{d(pq)}{dp} = q + p\dfrac{dq}{dp}$ となりますから，$dS/dp \gtrless 0$ の条件は $\dfrac{p}{q} \Big/ \dfrac{dq}{dp} \lessgtr 1$ であることがわかります．

す．理論モデルで考えられている変数について，それに正確に対応する統計データが利用できるだろうか，理論モデルでは考えられていない要因が実際には働いているということはないだろうか，……といろいろなことが問題になるでしょう．

このような問題を反映して，計量経済モデルは単なる経済モデルあるいは数理経済学のモデルと異なった一つの大きな特色をもっています．すなわち，計量経済モデルでは，変数のあいだの関係は，数理経済学のモデルの場合のように正確に成り立つのではなく，確率的に成り立つものであると考えられます．たとえば，所得 Y と消費 C とのあいだの関係を表わす簡単な線形（一次式）消費関数

$$C=\alpha+\beta Y \tag{5-11}$$

を考えてみると，数理経済学では，通常この関係は正確に成り立つものとして議論が進められますが，計量経済学では

$$C=\alpha+\beta Y+u \tag{5-12}$$

という確率的モデルに書き直されます．(5-12) で u は**確率変数**と考えられるのです．

確率的という言葉に当たる英語として stochastic という言葉がよく用いられますが，これはギリシャ語の stokhos（投げ矢などの的）から来たもので，投げ矢が的の中心からはずれることはしばしばあるということを考えると，stochastic な関係ということは，正確に成り立たないことがしばしばあるような関係というように類推してもよいでしょう．そこで，このはずれを表わす変数 u が (5-12) の重要な特徴といえます．

この u はふつう**攪乱**（かくらん＝disturbance）**項**あるいは**誤差項**（error term）と呼ばれています．そして，矢が的を右や左あるいは上や下に，あるときは大きく，またあるときは小さくはずれたりするのと同じように，u は時にはプラス，時にはマイナスで，さまざまな値をとると考えられます．

ところで計量経済モデルが，このような確率的モデルでなければならないということについては，少なくとも次の五つの種

類の理由が考えられます.

1) 理論が不完全であること

理論モデルは，程度の差こそあれ必ず現実の一つの抽象ですから，不完全なものです．たとえば，(5-11) の簡単な消費モデルでは，第1に，消費に影響するかもしれない変数をまだ残しています．流動資産，消費慣習などがそのような変数の例です．第2に，方程式を省略しています．経済はどんなにたくさんの変数を含むものでも，ただ一つの方程式で表現できるほど単純なものではありません．例えば，消費と所得を結びつける関係は消費関数以外にも考えられます．第3に，人間の行動は結局，偶然的な要因によって決まることが多いものです.

2) モデルの規定が不完全であること

関係式のかたちの規定が正しくないかもしれないということです．(5-11) の例では，本来非線形であるかもしれない関係を，線形として扱っているわけです.

3) 理論モデルと計量モデルで変数の対応が不完全であること

ふつう理論モデルを考えるときに頭においている変数と，モデルを経験的に（データから）計測する場合に用いる変数とのあいだに，厳密な一致があることはなかなかありません．たとえば，前の (5-11) で消費が所得に依存するというとき，1カ月間の消費がその月の所得に依存するのか，1年間の消費がその年の所得に依存するのか，いろいろと考えられますが，正しくは消費者がどれくらいの長さの期間について所得を考えて消費を決めるか（この期間を一般に計画期間 horizon といいます）が問題になるところを，計量モデルでは，データの利用できる単位期間が限られているため（たとえば国民所得データの場合には年ないし四半期，家計調査データでは月），理論変数との対応が厳密につけられないことがあるわけです.

このことは，需要の増加が設備投資を誘発するという加速度原理に基づいた投資関数の計量モデルについてもいえます．この場合，今年の需要から前年の需要を引いたもの，あるいは前

年の需要から前々年の需要を引いたものなどを「需要増加」の変数として用いることが多いのですが，これで加速度理論モデルの変数と正確に対応しているとはまず考えられません．

理論モデルで用いられている変数が，消費者や企業家などの経済主体の期待を表わすような変数（これを期待変数と呼びます）であるときには，計量モデルの変数との対応はさらに困難となります．そのような期待変数は通常観察できませんから，計量モデルでは，観察できる変数のなかからその代わりとなるようなものを探して用いるということがよく行われます．このような変数を**代理変数**（proxy variable）といいます．たとえば，消費者の「期待所得」の代わりに，過去の所得の加重平均を用いたり，企業の「期待売上げ増加」の代わりに，最近の売上げ増加を用いたりすることはよくあります．また通常の物価指数が，真の物価水準を表わす「物価変数」の代理変数でしかあり得ないこともよく知られています．

4)　データの総計（aggregation）

計量モデルでは，ふつういろいろな個人や企業について総計されたデータを用います．たとえ個々の消費者や企業が，それぞれある方程式を正確に満たすように行動しているとしても，総計された経済量のあいだには同じような関係が正確に成り立つとはいえません．たとえば，一人一人の消費者の消費支出がそれぞれ異なる α および β をもつ (5-11) のかたちの関数を正確に満たしていたとしても，総計の消費は，総計の所得に同じような一次式で正確には反応しません．所得の分布が変わるかもしれないからです*．

---

* i 番目の消費者の消費が，$C_i = \alpha_i + \beta_i Y_i$ で正確に決まるとするとき，

総計の消費は $\sum_i C_i = \sum_i \alpha_i + \sum_i \beta_i Y_i = \sum_i \alpha_i + \dfrac{\sum_i \beta_i Y_i}{\sum_i Y_i} \sum_i Y_i$

となり，$\sum_i Y_i$ の係数 $\sum_i \beta_i Y_i / \sum_i Y_i$ は Y_i をウエートとした β_i の加重平均ですから，Y_i の分布が変動すれば一定の値ではなくなります．

5）　測定誤差

　たとえ 1）〜4）のどの問題もなく，方程式が経済主体の行動を正確に表わしているとしても，変数の測定には誤差があるのがふつうです．このような測定の誤差は，やはり関係式の正確な成立を妨げる一つの原因であることは確かです．変数の測定誤差を正式に考慮に入れたモデルを**変数誤差モデル**（error model）といい，これに対して，変数誤差以外の原因による方程式の誤差を考えるモデルを**衝撃モデル**（shock model）ともいいますが，変数誤差モデルは現在の計量経済学ではあまりとり扱われません．なお，従属変数の誤差だけは衝撃モデルでも考慮に入れます．

　以上のように考えると，攪乱項 u の性質は非常に複雑なものです．そして，これを確率変数と考え，的からの矢のはずれの大きさと同じような性質のものと考えてよいかどうかということが疑問となります．そこで矢のはずれについてもう少し考えてみましょう．

　いま，射手がくせのない射手であるとすると，的からの矢のはずれは，いろいろな原因から生じると考えられます．矢をつがえる位置，手で弓や矢をにぎる位置や力，目と矢の位置や距離，途中の空気の状態などさまざまなものが，矢を射るたびごとに完全に同一であることはあり得ません．これらの一つ一つがすべて的に当たる矢の位置に微妙に影響するでしょうから，矢のはずれの大きさはこれらの数多くの原因の合成の結果です．

　このように，一つ一つの原因は小さなものかもしれませんが，それが無数に働くとき，その合成の結果として現われるものの大きさは，場合によりいろいろと異なりますが，非常に多くの場合について観察するとき，いろいろな大きさの現われ方にある規則性が見られるのがふつうです．それは，ある平均的な大きさのもの（くせのない射手のはずれの場合には 0）から，極端な大きさのもの（大きなはずれ）になるにしたがって

出現の割合がだんだん小さくなるということです*.

　以上のように, 一つ一つはきわめて小さい影響しかもたない けれども, 非常に数多くのものが働いてある結果が現われると き, その現象を一般に確率的といっているのです. 貨幣投げや サイコロ投げもそのように考えることができます. 貨幣を投げ て表が出るか裏が出るかを完全に当てることができないのは, そこに働く原因の数が多すぎること, しかもそれぞれの原因が すべて小さすぎることによるのです.

　計量経済モデルにおける攪乱項も同じように考えることがで きます. 構造方程式における説明変数は, 被説明変数の動きの 主要な原因を表わすものであり, 攪乱項は説明変数としてとり あげるに値しないほど, あるいはとりあげることのできないほ ど小さな, しかし, 数多い原因の合成した影響を表わすもので あると考えられるのです.

　たとえば, (5-12)をマクロ的消費関数と考えたときには, 次のような意味でこの説明がピッタリするでしょう. いまかり に, 限界消費性向 β がすべての人について同じだとすると, 国 民全体の総消費 C が $\alpha+\beta Y$ からくい違う大きさ u は, 無数の 国民の一人一人がそれぞれ何らかの原因で, 自分の所得と不相 応に多く, あるいは少なく消費した部分の大きさの合計です. 個々の人についてのそのような部分の大きさは, 国民全体の消 費額に比べると問題にならないくらい小さいものですから, u はまさに的からの矢のはずれと似たような性質をもっていると 考えられるのです.

　以上の説明から, 計量経済モデルにおける攪乱項を「確率 的」な性質をもったものと考えることの意味が明らかになった と思います. 計量経済モデルで, このような確率的性質をもっ た変数 u がどのような役割を果すか, 以下しだいに明らかにな るでしょう.

----

　*　これは, いわゆる中心極限定理と関係があります. §26 を参照のこと.

6 統計的推測理論の基礎

§20 統計的仮説検定の考え方

　計量経済学は，近代の統計的推測理論なしには考えられません．そこで本章では，基本的な考え方と方法とに重点をおいて，近代統計学の内容の概略を解説しましょう．すでに基礎的知識をお持ちの読者も多いと思いますが，そのような読者は本章を読み飛ばして下さい．

　統計的推測の二つの基本的なタイプとしては**推定と検定**とがあり，それらを展開するための基礎として**確率**，**分布**，**標本分布**などの知識が必要ですが，まず検定の話から始めましょう．

　いま，非常に多くの人々の集団について，そのなかである意見に対して賛成の人と反対の人とどちらが多いかを，一部の人の意見を聞いて判断する問題を考えてみます．この集団のなかから，いま，でたらめに（どの人にも同じように選ばれるチャンスを与えて）1人の人を選んで，その人が賛成意見であったとしても，全体のなかで賛成の人の方が多いとは誰も考えないでしょう．でたらめに2人を選んで2人とも賛成としても，また3人を選んで3人とも賛成であったとしても，大部分の人はまだ賛成者の方が多いとは判断しないでしょう．それでは，4人で4人とも賛成の場合はどうでしょうか．5人で5人とも賛成の場合はどうでしょうか．……このようにして，たとえば，10人の人に意見を聞いて10人とも賛成の場合になると，ほとんど大部分の人が，全体のなかに賛成者の方が多いだろうと判断するでしょう．

　以上のような判断の根拠を，次のように整理できます．まず，かりに全体のなかで賛成者と反対者とが同率であると仮定します（中立やその他はないとします）．そして，この仮定が

支持できるかどうかを，何人かの人の意見を調べることによって判断しようというわけです．その結果，もしもこの仮定が支持できないとすれば，賛成者の割合か，反対者の割合かのどちらかが多いことになります．さて以上の仮定のもとでは，賛成者の割合は1/2です．そこでいま，でたらめに選んだ1人の人が賛成者である確率は1/2, 反対者である確率も 1/2 です．

　次に，またでたらめに選んだ1人の人が賛成者である確率も1/2 ですから，2人が2人とも賛成者である確率は1/2×1/2＝1/4 となります．同様にして，3人が3人とも賛成である確率は1/8 です．このことは，たとえほんとうは賛否両意見が全く同数であっても，でたらめに選ばれた3人が3人とも賛成である確率が1/8 あるということを意味します．4人が4人とも賛成の場合には，この確率は$1/2^4$＝1/16 になり，5人が全部賛成のときには$1/2^5$＝1/32 となります．……このようにして，10人が10人とも賛成ということになると，賛否半々と考えると，これは$1/2^{10}$＝1/1024 の確率しかもたないことが起こったことを意味します*．いいかえると，全体のなかで賛否半々と考えると，でたらめに選ばれた10人が10人とも賛成ということはほとんど可能性がないことです．しかし，それが実際に起こったということは全体のなかでの賛成者の割合が1/2 とは考えられないのではないかと判断できることを意味します．

　このことは，賛否相半ばしていると仮定したときに，調べた結果が非常に確率の小さいことになるというとき，賛否相半ばしているという仮定が疑わしいと判断されることを意味しています．ここで，一つの問題は，確率が小さいというとき，どれくらいの大きさを意味しているのかということです．これにつ

---

　　*　以上の計算は，全体の人数が非常に多いということを前提にしていることを忘れてはなりません．全体の人数が少ない場合には，賛成者がだんだん選ばれていきますと，残りのなかの賛成者の割合がだんだん 1/2 よりかなり小さくなっていきますから，1/2 を次々に乗じて確率を求めるわけにはいきません．

いては，私たちの日常の判断では決まった大きさは全くなく，人により，また場合によりその限界値はさまざまですが，統計学では，一応何らかの客観的な基準を設けることが必要なので，小さいという限界値をふつう 5/100 または 1/100 に決めており，この値を**有意水準**（level of significance）と呼びます．

　ここで有意（significant）というのは意味があるということで，それに対して有意でない（not significant）というのは，仮定が正しく，たまたま（偶然的に）起こったということをいいます．賛否半ばしているということが正しいのだけれども，例えばたまたまでたらめに選ばれた 4 人が 4 人とも賛成であったということです．これに対して，例えば 10 人が 10 人とも賛成であったということは，賛否半ばであるにもかかわらずたまたま 10 人とも賛成であったと考えるのではなく，賛否半ばでない（賛成者の方が多い）からこそ当然に，すなわち意味（理由）があって起こったことであると考えるということです．このどちらと考えるかの決め手が有意水準なのです．

　また，上で仮定といったものを**仮説**（hypothesis）と呼び，上述のような判断手続きのことを，仮説の**検定**（test）と呼んでいます．このような言葉を用いますと，仮説の検定は次のようにして行われます．

　1)　仮説を設ける（上例では，全体の人たちのなかの賛成者の割合は 1/2 である，ということ）．

　2)　この仮説に基づいて，観察したことがら（上例では，3 人が 3 人とも賛成だったとか，10 人が 10 人とも賛成だったということ）のもっている確率を計算する（上例では 1/8 とか 1/1024）．

　3)　2) で計算した確率を有意水準と比較し，もしも
　　(a)　有意水準の方が小さければ，1) の仮説を否定しない．上例では，3 人のうち 3 人賛成のときは，有意水準を 5％とすると，1/8＞5/100 ですから，賛否半々ということは否定されません．

(b) 有意水準の方が大きければ，1）の仮説を否定する〔これを**棄却する**（reject）といいます〕．上例で，10人が10人とも賛成のときには，その確率 1/1024＜1/100 ですから，賛否半々という仮説は否定されます．このことを，この仮説は1％の有意水準で棄却される（実は0.1％の有意水準でも棄却されます），といいます．

以上が仮説の検定の手続きですが，実はここで一つ問題があります．いま，10人調べたうち9人が賛成で1人が反対であったとしましょう．このとき，上の2）に従って，10人のうち9人が賛成である確率を求めると 10/1024 となります*．したがって，この値は 1/100 より小ですから，上の説明によれば1％の有意水準で仮説は棄却されることになります．これは正しいでしょうか．実は正しくありません．

いま，かりに10人中9人が賛成者であったときに賛否半々という仮説が棄却できるとすれば，10人中10人とも賛成者であった場合には，なお強い確信をもって仮説を棄却できるでしょう．したがって上の2）の確率の計算では，単に10人中9人が賛成者である確率ばかりでなく，10人中10人とも賛成者である確率も加えてやらなければなりません．

いいかえると，たとえ全体の人たちのなかで賛否半々であっても，10人中の9人以上が賛成者である確率が……だけある，というように考えなければならず，そのような確率を有意水準と比較するのが合理的です．この場合その確率は 11/1024 となり，これは 1/100 より大ですから，仮説は1％の有意水準では棄却できないことになります（5％の有意水準では棄却されます）．

このように考えると，前掲2）は次のように修正されなけれ

＊　10人のうち9人が賛成であるのは，10通りの場合（第1番の人が反対で他は賛成，第2番の人が反対で他は賛成，……第10番の人が反対で他は賛成）があり，その各々の場合が $(1/2)^9(1/2)^1=1/1024$ の確率をもっています．

ばなりません.

　2)　この仮説に基づいて，観察したことがら（上例では10人のうち9人が賛成だったということ），またはそれよりも仮説の成立にとって不利なことがら（上例では10人のうち10人とも賛成ということ）の起こる確率を計算する（上例では10/1024＋1/1024＝11/1024）.

　このように，仮説の検定とは，考察の対象としている全体の集団〔これを**母集団**（population）といいます〕の何らかの特性について想定すること（仮説）が，その一部分〔これを**標本**（sample）といいます〕についての観察の結果によって支持されるかどうかを検討することをいいます.そしてその手続きは，仮説に基づいて計算された標本の確率が非常に小さいときには，仮説は支持できないとし，それが小さくなければ仮説は否定できないとすることを基本的な考え方にしています.

　さて，上の例の場合，賛成の方が多いかまたは反対の方が多いかに興味をもっているわけで，その意味では，賛成または反対のどちらが多いともいえないという結論ではなく，どちらかの割合が多いという結論が出ることを期待するわけです.しかし，たとえば，賛成者の割合の方が多いということを直接立証するためには，仮説を「賛成者の割合が1/2より大である」としなければならず，これでは上述の検定の手続きの2)における確率の計算ができなくなります.1/2より大きく1より小さい数はいくらでもあるからです.これに対して，「賛成者の割合が1/2である」という仮説を考えれば，確率もちゃんと計算できますし，そしてその仮説が棄却されたときには，賛成者の割合の方が多いか，あるいは反対者の割合の方が多いか，のどちらかが自動的に立証されることになるのです.このように，仮説の検定においては，一般に立証したいと思っていることは，仮説が棄却されたとき，自動的に成り立つように仮説が設けられます.

　また，厳密にいえば，上述のような仮説の検定の手続きによ

れば，仮説は標本観察の結果，否定されることはあっても，決して証明されたり確立されたりすることはないのです．この意味で，上の手続きの1）で設けられる仮説は**帰無仮説**（null hypothesis）とも呼ばれます．このことは検定のための仮説を設ける際に理解しておかねばならない大切なことがらです．

§21　計量経済モデルにおける仮説検定

　以上説明した仮説検定の考え方は，計量経済モデルにおいては次のように使われます．一般に，計量経済学の一つの重要な役割は経済変数間の関係の有無を実証的に確認することにあります．例えば消費支出が消費者の流動資産保有高によって影響を受けるかどうか，企業の設備投資が利子率によって左右されるかどうかというようなことです．一般的には，ある経済変数 Y が他の変数 X の影響を受けるかどうかということです．

　このような影響の有無を調べるためには，まず「Y は X の影響を受けない」という仮説を設けます．他方，データについて X と Y との関係を調べてみます．データは標本についての観察結果と考えられますから，母集団においては本当は「Y は X の影響を受けない」にもかかわらず，たまたま観察された標本については「Y は X の影響を受ける」かのように見えることがあります．これは前例で，母集団では賛否半々であるのに，選ばれた何人か（標本）では賛成の方がたまたま多いというのと同じことです．いいかえると仮説が正しいのに標本観察の結果がたまたま仮説と一致していないと考えられるということで，この場合には両者の不一致は有意でないといい，標本観察の結果が仮説を否定するための証拠にならないとされるわけです．

　これに対して，データから観察された結果が余りにもはっきりと X が Y に影響することを示している場合には，仮説との不一致はたまたまと考えるに大きすぎ，それは Y が X の影響を受けないという仮説が誤っているからであると考えられるのです．このとき仮説と標本観察の結果との不一致，くい違いは

有意であるといい，仮説は棄却されます．そしてこのようなくい違いの有意性の判断は，前述のように仮説が正しいとしたときそれだけの大きさ（およびそれ以上の大きさ）のくい違いがどれだけの確率でおこりうるかということによるのであり，その確率が小さいほど有意性が大で，仮説は強い力で否定されることになります．

　ところで経済理論は経済諸変数間の関係について議論することを役割としています．したがって計量経済モデルにおいて検定される仮説は経済理論によって与えられるものです．しかし仮説は，「XとYとは無関係である」というようなかたちで与えられ，それを棄却することによって「XとYとは関係がある」ことを立証するというやり方がとられるのです．このように計量経済学における仮説検定は，経済理論の実証方法の核心となるものということができます．

§22　確率変数と標本分布について

　前述の検定の手続きにおいて重要な役割を果しているのは2）の確率の計算の段階です．前の説明では簡単に計算できる例を用いましたが，一般にはそう簡単にはいきません．そこで必要になるのが確率，分布，標本分布などについての知識です．

　前例でn人の標本について賛否の意見を調べる場合を考えてみましょう．いま母集団における賛成者の比率をpとすると，反対者の比率は（中立やその他なしとすれば）$q=1-p$です．そこでn人のうち賛成者がx人現われる確率を考えてみます．

　まずn人のうち最初のx人が賛成者で，あとは全部反対者である確率を求めますと$p^x q^{n-x}$です．しかし，n人のうちx人が賛成者である場合は，このようにはじめのx人が続けて賛成者であるという場合だけでなく，賛成者と反対者とがいろいろな順序で現われて，結局賛成者がx人になればよいわけで，その順序は${}_nC_x$通りあり[*]，そのそれぞれが$p^x q^{n-x}$の確率をもっていますから，求める確率は

$$P(x; n, p) = {}_nC_x p^x q^{n-x} \quad 0 \leqq x \leqq n \qquad (6\text{-}1)$$

となります．ここで左辺の記号は n と p がパラメータであることを示しています．

x は，n 人の標本について観察される数量で，この x は，標本の n 人にどのような人が選ばれるかにより 0 から n までの間の異なった値をとります．そして (6-1) は，この x がいろいろな値をとる確率を表わしているわけです．

このように，変数であって，かつそれがとりうるいろいろな値に対して，それぞれある確率が対応しているようなものを**確率変数**（random variable）といいます．そして確率変数の値にどのように確率が対応しているかを表わすもの，すなわち確率変数の値と確率とを対応させる規則を，その**確率変数の分布**といいます．たとえば (6-1) は x という確率変数の分布です．

上の x のように，標本について観察される量ないし標本について観察される量から計算される量を特に**統計量**（statistic）といいます．これは当然確率変数となりますが，その分布のことを**標本分布**（sampling distribution）といいます．たとえば，(6-1) は x（賛成者数）という統計量の標本分布です．

(6-1) は $(q+p)^n$ の二項展開の一般項にあたるので，この分布は**二項分布**と呼ばれます．統計量にはいろいろなものが考えられますが，どのような統計量がどのような分布をするかを議論するのが標本分布論と呼ばれているもので，その基礎の上に前述の検定や，これから説明する推定の理論ができあがっているのです．

§23　**最尤法**（代表的推定法）**の考え方**

こんどは次のような問題を考えてみましょう．全体の人たちの集団（母集団）のなかで，賛成者の割合はどれだけかという問題です．検定では，母集団のなかの賛成者の割合について想

前頁*　${}_nC_x$ は n 個のものの中から x 個をとる組み合わせの数を表わし，その値は $n!/x!(n-x)!$ に等しい．

定したことが，標本についての観察から支持できるかどうかを
問題にしたわけですが，こんどは，母集団における賛成者の割
合を標本の観察結果から推し測ろうというわけです．このよう
な問題を**推定**の問題といいます．

　推定の方法にはいろいろありますが，ここでは，その代表的
な方法の一つである**最尤法**（さいゆうほう＝maximum likeli-
hood method）の考え方を説明しましょう．

　賛成者の割合を推定する問題で，いま母集団における賛成者
の割合を p とすると，n 人の標本についての調査で，x 人が賛
成であるという結果が得られる確率は前述の (6-1) で表わされ
ます．そこで問題は，いまかりに n 人のうち k 人が賛成という
結果が得られたとするとき，p の値をいくらと考えたらよいか
ということです．このとき，「いろいろと起こり得る可能性が
ある中から $x=k$ ということがらが起こったのは，それがもっ
とも起こりやすいことがらだからである」と考えることが，き
わめて常識的で，また合理的でしょう．いいかえると，いちば
ん起こりやすいことが起こっていると考えることになります．

　このような考え方に基づいて p を推定するのが最尤法です
が，その手続きは次のようになります．

　n 人のうち k 人が賛成ということがらの起こる確率は，p の
値のいかんによりその大きさが違います．このことは，(6-1)
を n と x とが与えられたときの p の関数と解釈することにつな
がります．そこで (6-1) を p の関数と考え，$x=k$ という値を
とった場合を考えて

$$L(p) = {}_nC_k p^k (1-p)^{n-k} \qquad (6\text{-}2)$$

と書くことができます．p は母集団の特性を表わすパラメー
タ，k は標本についての観察結果を表わすもので，本来はパラ
メータが一定で，標本の値は変数ですが，ここでは立場が逆に
なって，パラメータが変数となり，標本の値が固定されている
ことを注意してください．このように標本のもつ確率を未知の
母集団パラメータの関数と考えたものを**尤度関数**（likelihood

function）といいます.

そこで前述の最尤法の考え方は，尤度関数を最も大きくする p の値を求めて，それを p の推定値とすることを意味します. そのために $L(p)$ を p で微分して 0 とおいた式をつくると

$$_nC_k p^{k-1}(1-p)^{n-k-1}\{k(1-p)-(n-k)p\}=0$$
$$(6\text{-}3)$$

となります.（6-3）の三つの根のうち $p=0$, $p=1$ は，明らかに $L(p)$ を最大にはしませんから，残りの根

$$\hat{p}=k/n \qquad\qquad (6\text{-}4)$$

が p の推定値です. このようにして求めた推定値を**最尤推定値**といいます.

尤度関数を最大にするようにして求められる最尤推定値は，考え方はきわめて常識的といえますが，理論的にもいろいろとすぐれた性質をもっていることが証明されています. 計量経済学でも最尤法はしばしば問題となりますが，その基本的な考え方は，上に説明したような簡単な場合と変わりなく，ただ尤度関数が，通常きわめて複雑なものとなる点だけが異なっています. そしてこの尤度関数の基礎は，検定の場合と同じように標本分布であり，その意味で標本分布が統計的推測の全般にわたって，いかに重要な役割を果しているかがわかるでしょう.

§24 確率変数・平均値・分散・標準偏差

以上で統計的推測の基本的な考え方のあらましを説明しましたが，ここで基本的な概念について簡単に解説しておきます.

〔確率変数〕

ある変数 x が確率変数であるということは，「その変数がとるいろいろな値に対してそれぞれ確率が対応している」ことを意味します. ただしこの表現は x が**離散的変数**である場合にだけ正しく，x が**連続的変数**である場合には，上の確率ということばを確率密度ということばでおきかえなくてはなりません.

いずれにせよ，いいかえると，確率変数とはそれがどのよう

な値をとるかが確率的に決まるような変数のことです.

たとえば，サイコロを投げて出る目の数を考えてみると，それは1から6までの整数値をとる**離散確率変数**で，1から6までのそれぞれの値にすべて 1/6 という確率が対応しています.

いま，ある離散確率変数 x がとりうるのは n 個の値であるとし，それらの値を $x_i(i=1, 2, …, n)$ とすると，x_i にはそれぞれ確率 $p_i=P_r\{x=x_i\}$ が対応し，x は n 個のうちのどれかの値を必ずとりますから

$$\sum_{i=1}^{n} p_i = 1 \qquad (6\text{-}5)$$

です（$P_r\{x=x_i\}$ は x が x_i という値をとる確率という意味）.

x が連続確率変数の場合には，x がとる値の任意の範囲，たとえば，a と b の間に対してある確率が対応し，その確率がある曲線 $f(x)$ の下の面積で表わされるとき，すなわち

$$P_r\{a<x<b\} = \int_a^b f(x)dx \qquad (6\text{-}6)$$

であるとき，$f(x)$ を x の**確率密度関数**（probability density function）といいます. そして，x がとりうる値の範囲の全体（一般的には，$-\infty$ と $+\infty$ のあいだ）にわたっての $f(x)$ の下の面積は1です. すなわち

$$\int_{-\infty}^{\infty} f(x)dx = P_r\{-\infty<x<+\infty\} = 1 \qquad (6\text{-}7)$$

です.

たとえば，完全に連続的に針が動く時計を考え，任意の時刻の長針の位置について，ある基準線と長針とのなす角 θ（弧度法で表示したもの）を考えると，θ は0と 2π の範囲で

$$f(\theta) = \frac{1}{2\pi} \qquad (6\text{-}8)$$

という一様な確率密度をもつ連続確率変数です.

連続確率変数の代表的なものは**正規確率変数**であり，その確率密度関数は

$$f(x) = \frac{1}{\sqrt{2\pi}\sigma} \exp\left\{-\frac{1}{2\sigma^2}(x-\mu)^2\right\} \qquad (6\text{-}9)$$

で与えられます．ここで，μ と σ とはその特性を表わすパラメータ，$\exp\{\cdots\}$ は自然対数 $e\,(=2.71828\cdots)$ の冪乗（べきじょう，カッコ内が冪指数）を表わします．これについては §25 の正規分布の説明を参照して下さい．

〔平均値（期待値）〕

確率変数 x の**平均値**または**期待値**（expected value）を $E(x)$ という記号で表わし

$$E(x) = \sum_{i=1}^{n} x_i p_i \qquad （x が離散変数のとき）\quad (6\text{-}10)$$

$$E(x) = \int_{-\infty}^{\infty} x f(x)\,dx \quad （x が連続変数のとき）\quad (6\text{-}11)$$

で定義します．これは確率変数 x がとる値の平均的な大きさを表わします．

たとえば，サイコロの目の数を x とした場合には

$$E(x) = 1 \times \frac{1}{6} + 2 \times \frac{1}{6} + 3 \times \frac{1}{6} + \cdots + 6 \times \frac{1}{6} = 3.5$$

となります．x が正規確率変数の場合には

$$E(x) = \int_{-\infty}^{\infty} x \frac{1}{\sqrt{2\pi}\sigma} \exp\left\{-\frac{1}{2\sigma^2}(x-\mu)^2\right\} dx = \mu \quad (6\text{-}12)$$

となりますから，正規確率密度関数のパラメータの一つ μ は平均値であることがわかります．

期待値（平均値）の計算については次のような規則が成り立ちます．

- (Ⅰ)　$E(c) = c$　ただし　c＝定数　　　　　　　(6-13)
- (Ⅱ)　$E(cx) = cE(x)$　　　　　　　　　　　　(6-14)
- (Ⅲ)　$E(x \pm y) = E(x) \pm E(y)$　　　　　　(6-15)
- (Ⅳ)　$E(x - E(x)) = 0$　　　　　　　　　　(6-16)

(Ⅰ)は定数の期待値はその定数そのものであること，(Ⅱ)は，確率変数に定数をかけたものの期待値は，確率変数の期待値にそ

の定数をかけたものであることを表わします.

(Ⅲ)については確率変数が二つの場合を考える必要があります.いま離散確率変数 x が x_i という値をとり,別の離散確率変数 y が y_i という値をとる確率 $P_r\{x=x_i,\ y=y_j\}$ を p_{ij} と書き,これを x と y との**同時確率**(joint probability)といいます.$x,\ y$ がともに連続確率変数の場合には,一変数の場合と同じように考えて**同時確率密度関数** $f(x, y)$ を考えることができます.

(Ⅲ)は,二つの確率変数の和または差の期待値は,それぞれの変数の期待値の和または差に等しいことを表わします.(Ⅳ)は,$E(x)$ が定数ですから,(Ⅰ)と(Ⅲ)とから容易にわかることで,これは,平均値からの偏差の平均値は 0 であることを意味しています.

次に,二つの確率変数 x, y の同時確率 p_{ij} または同時確率密度関数 $f(x, y)$ について

$$p_{ij}=P_r\{x=x_i\}P_r\{y=y_j\}=p_i \cdot p_j \qquad (6\text{-}17)$$

または

$$f(x, y)=f_1(x)f_2(y) \qquad (6\text{-}18)$$

が成り立つとき,x と y とは**独立**(independent)であるといいます.ここで $p_i, f_1(x)$ または $p_j, f_2(y)$ は,それぞれ x または y だけを考えたときの確率および確率密度関数で,**周辺確率**(marginal probability)ないし**周辺密度関数**(marginal density function)と呼ばれます.

x と y とが独立であるときには

$$\text{(Ⅴ)}\quad E(xy)=E(x)E(y) \qquad (6\text{-}19)$$

という関係が成り立ちます.いいかえると,独立な二つの確率変数の積の期待値は,それぞれの期待値の積に等しいということです.

〔分散と標準偏差〕

期待値の性質(Ⅳ)で,任意の確率変数について,その平均値からの偏差の平均的な大きさは 0 であることがわかりましたが,

次に平均値からの偏差の二乗の平均的な大きさを考えることができます．これを**分散**（variance）といい，これに関連しては σ^2 という記号がふつう用いられます．確率変数 x の分散は $\sigma_x{}^2$ または $\mathrm{var}(x)$ と書かれ

$$\sigma_x{}^2 = \mathrm{var}(x) = E[(x - E(x))^2] \qquad (6\text{-}20)$$

で定義されます．そして分散の平方根

$$\sigma_x = \sqrt{\mathrm{var}(x)} = \sqrt{E[(x - E(x))^2]} \qquad (6\text{-}21)$$

を x の**標準偏差**といいます．

（6-20）のカッコ内の二乗を展開して，前述の期待値の計算規則を用いて計算すると，

$$\sigma_x{}^2 = E(x^2) - [E(x)]^2 \qquad (6\text{-}22)$$

という関係を導くことができます．これは分散の計算式として非常によく用いられるものです．

たとえば，サイコロ投げで目の数を x としたとき，$E(x) = 3.5$ ですから，x の分散は

$$\sigma_x{}^2 = (1 - 3.5)^2 \cdot \frac{1}{6} + (2 - 3.5)^2 \cdot \frac{1}{6} + \cdots + (6 - 3.5)^2 \cdot \frac{1}{6}$$

$$= 1^2 \cdot \frac{1}{6} + 2^2 \cdot \frac{1}{6} + \cdots + 6^2 \cdot \frac{1}{6} - (3.5)^2 \fallingdotseq 2.92$$

となり，標準偏差は

$$\sigma_x = 1.71$$

となります．また，正規密度関数をもつ確率変数 x の分散は σ^2 となります（計算は統計学の書物に譲ります）．

したがって正規密度関数（6-9）のパラメータ σ は x の標準偏差を表わすことがわかります．

分散について重要な性質として

（Ⅰ）　$\mathrm{var}(x + c) = \mathrm{var}(x)$ $\qquad (6\text{-}23)$

（Ⅱ）　$\mathrm{var}(cx) = c^2 \mathrm{var}(x)$ $\qquad (6\text{-}24)$

があります（ただし $c = $ 定数）．これは期待値の計算規則から簡単に証明できます．（Ⅰ）はある確率変数に一定値を加えたりあるいは引いたりしても分散は変らないこと，（Ⅱ）は確率変数に定

数をかけたものの分散は，その定数の二乗倍になることを示しています．

次に，二つの確率変数 x, y を考え，それぞれの変数の平均値からの偏差の積の平均値を，x と y との**共分散**（covariance）といい，σ_{xy} または $\mathrm{cov}(x, y)$ で表わします．

$$\sigma_{xy}=\mathrm{cov}(x, y)=E[(x-E(x))(y-E(y))]$$
$$(6\text{-}25)$$

これを期待値についての計算規則を使って変形すると

$$\sigma_{xy}=E(xy)-E(x)E(y) \qquad (6\text{-}26)$$

という共分散の計算式が得られます．なお，$y=x$ の場合を考えると，x と x との共分散は x の分散にほかならないことがわかります．また，x と y とが独立の場合には (6-19) により $E(xy)=E(x)E(y)$ ですから，(6-26) により $\sigma_{xy}=0$ となります．

さて，以上の知識から次のような有用な関係を得ることができます．二つの確率 x, y があるとき，その和または差の分散を考えてみると

$$\sigma_{x \pm y}{}^2=\sigma_x{}^2+\sigma_y{}^2 \pm 2\sigma_{xy} \quad （複号同順）\qquad (6\text{-}27)$$

となります．さらに，一般に x と y との一次結合 $ax+by$ の分散を考えてみると（a, b は定数），

$$\sigma_{ax+by}{}^2=a^2\sigma_x{}^2+b^2\sigma_y{}^2+2ab\sigma_{xy} \qquad (6\text{-}28)$$

となります．これらの証明は似ていますから，(6-27) の和の場合だけを証明してみます．

$$
\begin{aligned}
\sigma_{x+y}{}^2 &=E[(x+y-E(x+y))^2]\\
&=E[(x-E(x)+y-E(y))^2]\\
&=E[(x-E(x))^2+(y-E(y))^2\\
&\quad +2(x-E(x))(y-E(y))]\\
&=E[(x-E(x))^2]+E[(y-E(y))^2]\\
&\quad +2E[(x-E(x))(y-E(y))]\\
&=\sigma_x{}^2+\sigma_y{}^2+2\sigma_{xy} \qquad (6\text{-}29)
\end{aligned}
$$

もし x と y とが独立ならば，前述したように $\sigma_{xy}=0$，すな

わち x と y との共分散は 0 となりますから，(6-27) と (6-28) はそれぞれ

$$\sigma_{x\pm y}{}^2=\sigma_x{}^2+\sigma_y{}^2 \tag{6-30}$$

$$\sigma_{ax+by}{}^2=a^2\sigma_x{}^2+b^2\sigma_y{}^2 \tag{6-31}$$

となります．

　なお，以上の説明は確率変数が三つ以上になった場合にもあてはまり，たとえば，n 個の確率変数 $x_1, x_2, \cdots, x_n$ があるとき，その一次結合

$$y=\sum_{i=1}^{n} c_i x_i \tag{6-32}$$

を考えると，y の分散は

$$\sigma_y{}^2=\sum_{i=1}^{n} c_i{}^2\sigma_i{}^2+\sum_{i\neq j} c_i c_j \sigma_{ij} \tag{6-33}$$

となります．ここで，$\sigma_i{}^2$ は x_i の分散，σ_{ij} は x_i と x_j の共分散で，$\sum_{i\neq j}$ は i と j が等しくないすべての場合について和をとることを表わします．また，ここですべての i と $j(i\neq j)$ について x_i と x_j とが独立ならば $\sigma_{ij}=0$ ですから，(6-33) は

$$\sigma_y{}^2=\sum_{i=1}^{n} c_i{}^2\sigma_i{}^2 \tag{6-34}$$

となります．

　なお

$$r=\frac{\sigma_{xy}}{\sigma_x\sigma_y} \tag{6-35}$$

を x と y との**相関係数**（correlation coefficient）といいます．x と y とが独立ならば，$\sigma_{xy}=0$ ですから相関係数は 0 となります．

§25　正 規 分 布

　正規分布（normal distribution）は確率分布の代表的なものであり，その密度関数は

$$f(x) = \frac{1}{\sqrt{2\pi}\sigma} \exp\left\{-\frac{1}{2\sigma^2}(x-\mu)^2\right\} \qquad (6\text{-}36)$$

で与えられます．ここでμはxの平均値，σはxの標準偏差です．正規分布はこのμとσの二つのパラメータにより完全に規定されます．

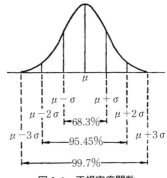

図6-1　正規密度関数

正規分布の密度関数を図示すると，図6-1のように左右対称のベルを伏せたようなかたちになりますが，その重要な性質として，μおよびσと確率とのあいだに次の関係があります．

$\mu\pm\sigma$　の範囲の確率＝0.6827

$\mu\pm2\sigma$ の範囲の確率＝0.9545

$\mu\pm3\sigma$ の範囲の確率＝0.9973

これは平均値からの偏差の大きさが，どれくらいのものがどれくらいの確率で生じるかを考える上で標準偏差が重要な役割をはたしていることを表わしています．ごく大まかにいって，平均値からの偏差が標準偏差の大きさ以内である確率は2/3，標準偏差の2倍以上である確率は5％，3倍以上である確率は1％に満たないということです．

いま（6-36）で

$$z = \frac{x-\mu}{\sigma} \qquad (6\text{-}37)$$

という変数を考えますと，その確率密度関数 $g(z)$ は次のようなかたちになります．

$$g(z) = \frac{1}{\sqrt{2\pi}} \exp\left(-\frac{z^2}{2}\right) \qquad (6\text{-}38)$$

これは，平均0，標準偏差1の正規分布で，**標準正規分布**と呼

ばれます. そして, この標準正規分布について高さや面積を表にしたものが**正規分布表**として作られており, 正規分布についての計算に用いられます.

なお, 平均 μ, 分散 σ^2 の正規分布のことを, 以下, 本書では $N(\mu, \sigma^2)$ と書くことにします. この記号を用いると, 標準正規分布は $N(0, 1)$ と書かれます.

いま二つの確率変数が互いに独立でそれぞれ正規分布をするとき, それらの和または差も同じように正規分布をします. 一般に, 独立に正規分布をするいくつかの確率変数の一次結合は同様に正規分布をします. これを正規分布の加法性といい, 正規分布の重要かつ便利な性質です.

§26　標本平均値の分布と中心極限定理

いま, ある確率変数 x がある分布をしており, その平均値を μ, 分散を σ^2 とします. この確率変数について n 個の独立な観察値（標本）$x_1, x_2, \cdots\cdots, x_n$ が得られたとするとき, それらの平均値（これを標本平均値といいます）

$$\bar{x} = \frac{1}{n} \sum_{i=1}^{n} x_i \tag{6-39}$$

を考えてみましょう. この $\bar{x}$ も確率変数です.

まず, $\bar{x}$ の平均値（期待値）を求めますと

$$E(\bar{x}) = E\left(\frac{1}{n} \sum_{i=1}^{n} x_i\right) = \frac{1}{n} E\left(\sum_{i=1}^{n} x_i\right) = \frac{1}{n} \sum_{i=1}^{n} E(x_i)$$

$$= \frac{1}{n} \sum_{i=1}^{n} \mu = \frac{1}{n} n\mu = \mu \tag{6-40}$$

となります. すなわち, 標本平均値 $\bar{x}$ の平均値は真の平均値 μ に等しいのです.

次に $\bar{x}$ の分散を求めますと, $\bar{x} = \sum_{i=1}^{n} (1/n) x_i$ と書けること, そしてすべての x_i が独立であり, 分散は同じ σ^2 であることに注意すると, (6-34) を使って

$$\sigma_{\bar{x}}{}^2 = \sum_{i=1}^{n} \left(\frac{1}{n}\right)^2 \sigma_i{}^2 = \frac{1}{n^2} n\sigma^2 = \frac{\sigma^2}{n} \tag{6-41}$$

が得られます. すなわち, 標本の大きさ n 個のときの標本平均値の分散は, もとの x の分散の $1/n$ です.

x の分布が正規分布のときには, 正規分布の加法性から, $\bar{x}$ の分布もまた正規分布となりますが, x の分布が正規分布でなくとも, その分散が有限の大きさであれば, $\bar{x}$ の分布は, n が大きくなるとき正規分布に近づくことが証明されます. これを**中心極限定理**(central limit theorem)といい, 統計的現象において, 正規分布に近いものが非常によく見かけられる理由を説明するものです.

計量経済モデルにおける攪乱項の確率分布として正規分布が仮定されることが多いのも, この定理を根拠にしているのです(§19参照).

§27 t 分布とその応用

前節で, 標本平均値 $\bar{x}$ の分布は, もとの x の分布が正規分布 $N(\mu, \sigma^2)$ のときには常に, そしてもとの x の分布が正規分布でなくても, 平均値 μ, 分散 σ^2 の分布のときには標本数 n が大きくなるとき, いずれの場合でも正規分布 $N(\mu, \sigma^2/n)$ になることを説明しました. したがって, これらの場合には

$$z = \frac{\bar{x} - \mu}{\sigma/\sqrt{n}} \tag{6-42}$$

を考えますと, この z は標準正規分布 $N(0, 1)$ をすることになります($\bar{x}$ からその平均値 μ を引き, その標準偏差 $\sigma/\sqrt{n}$ で割っているから).

以下, この知識を使ってもとの x の分布(これを母集団の分布といいます)のパラメータである μ についての推定や検定を行うことを考えます.

標準正規分布においては, 例えば変数が ± 1.96 の間の値をとる確率は 95% ですから, (6-42) が標準正規分布をするとい

うことは,

$$P_r\left\{-1.96<\frac{\bar{x}-\mu}{\sigma/\sqrt{n}}<1.96\right\}=0.95 \qquad (6\text{-}43)$$

を意味します. これは, カッコのなかを変形して,

$$P_r\left\{\bar{x}-1.96\frac{\sigma}{\sqrt{n}}<\mu<\bar{x}+1.96\frac{\sigma}{\sqrt{n}}\right\}=0.95 \quad (6\text{-}44)$$

と同じことです.

　(6-44) は次のことを意味しています. すなわち, 「母集団の パラメータ μ の値は $\bar{x}-1.96\dfrac{\sigma}{\sqrt{n}}$ と $\bar{x}+1.96\dfrac{\sigma}{\sqrt{n}}$ との間にある といっても 95%は確かである」ということです. これは μ の 値がこの区間にあるというかたちで μ を推定しているわけです から, μ の**区間推定**(interval estimation)といいます. ただ しこの推定は 100%正しいのではなく, 95%の確率で正しいの ですから, この 95%を**信頼係数**(confidence coefficient)とい います. そしてこの区間のことを**信頼区間**(confidence inter-val)と呼びます.

　ところで (6-44) の区間推定には明らかに一つの問題があり ます. それは標準偏差 σ (もう一つの母集団パラメータ)の値 が通常はわからないからです. n は標本数, $\bar{x}$ は標本平均値で すから標本観察から得られる値です. σ は母集団のパラメータ ですから, μ とともにわからないのがふつうです. σ がわから なければ (6-44) の信頼区間は計算できません.

　そこで σ の代わりに標本から σ の推定値を計算して用いま す. その推定値としては

$$\hat{\sigma}^2=\frac{1}{n-1}\sum_{i=1}^{n}(x_i-\bar{x})^2 \qquad (6\text{-}45)$$

で計算される $\hat{\sigma}$ が適当なものです. この $\hat{\sigma}^2$ は不偏分散とも呼 ばれるもので,

$$E(\hat{\sigma}^2)=\sigma^2 \qquad (6\text{-}46)$$

すなわち $\hat{\sigma}^2$ は平均的に真の分散 σ^2 に等しくなるという性質を

もっています.

ここで (6-45) において，n 個の偏差 $(x_i - \bar{x})(i=1, 2, \cdots, n)$ の二乗和が n でなく $(n-1)$ で割り算されていることに注意して下さい. この $(n-1)$ のことをこの二乗和 $\sum(x_i - \bar{x})^2$ の**自由度**（degree of freedom）といいます. 自由度という意味は，n 個の偏差についてはそれらを全部加えると 0 になるという関係，すなわち

$$\sum_{i=1}^{n} (x_i - \bar{x}) = 0 \tag{6-47}$$

が成り立ちますから，n 個のうち $(n-1)$ 個が自由に値をとると，残りの 1 個は (6-47) が成り立つような値でなければならず，もはや自由な値はとれないことから来ています. そして一般に，「不偏分散は偏差の二乗和をその自由度で割ることによって求められる」ということを記憶しておいて下さい.

さて (6-42) の z において σ の代わりに $\hat{\sigma}$ を用いたものを t と書くと，

$$t = \frac{\bar{x} - \mu}{\hat{\sigma}/\sqrt{n}} \tag{6-48}$$

はもはや標準正規分布 $N(0, 1)$ ではなく，自由度 $n-1$ の **t 分布**と呼ばれる分布をします. いいかえますと，σ の値がわかっていて (6-42) の z をそのまま使うことができる場合には正規分布を利用できるのですが，σ の値がわからないためにその推定値の $\hat{\sigma}$ を使わざるを得ないときには，正規分布ではなく t 分布で計算しなければならないのです.

このことがどのような結果をもたらすかを具体的な例で見る前に，正規分布と t 分布との比較を図 6-2 で見てください. t 分布は自由度によってかたちが違いますが，この図には自由度が 2 と 20 の二つの場合が標準正規分布 $N(0, 1)$ と比較されています.

同じ 95% の確率を含む範囲が，正規分布の場合よりも t 分布の場合の方が広いことに注目してください. しかし，その差

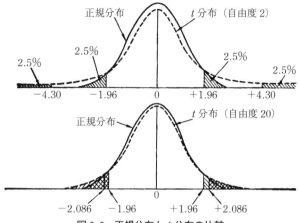

正規分布　t分布（自由度2）

2.5%　2.5%　2.5%　2.5%

-4.30　-1.96　0　$+1.96$　$+4.30$

正規分布　t分布（自由度20）

0

-2.086　-1.96　$+1.96$　$+2.086$

図6-2　正規分布とt分布の比較

は自由度が大きくなるほど小さくなります。そして自由度が無限大の場合のt分布は$N(0, 1)$と一致します。

　さて、正規分布$N(0, 1)$の場合には、-1.96と$+1.96$のあいだに全体の95%の場合が含まれますから

$$P_r\{-1.96 < z < +1.96\} = P_r\left\{-1.96 < \frac{\bar{x} - \mu}{\sigma/\sqrt{n}} < +1.96\right\}$$
$$= 0.95 \qquad (6\text{-}49)$$

となります。これに対して、たとえば、自由度20のt分布の場合には-2.086と$+2.086$のあいだに全体の95%の場合が含まれるのですから

$$P_r\{-2.086 < t < +2.086\} = P_r\left\{-2.086 < \frac{\bar{x} - \mu}{\hat{\sigma}/\sqrt{n}}\right.$$
$$\left. < +2.086\right\} = 0.95 \qquad (6\text{-}50)$$

となります。したがって、正規分布の場合には(6-49)を変形して

$$P_r\left\{\bar{x} - 1.96\frac{\sigma}{\sqrt{n}} < \mu < \bar{x} + 1.96\frac{\sigma}{\sqrt{n}}\right\} = 0.95 \quad (6\text{-}51)$$

を得ることができ，t分布の場合には (6-50) から

$$P_r\left\{\bar{x}-2.086\frac{\hat{\sigma}}{\sqrt{n}}<\mu<\bar{x}+2.086\frac{\hat{\sigma}}{\sqrt{n}}\right\}=0.95 \quad (6\text{-}52)$$

が得られます．

　(6-51) は，真の平均値 μ の値が $\bar{x}\pm1.96\sigma/\sqrt{n}$ のあいだにあるといっても 95％ は確かであるということを表わし，(6-52) は，真の平均値 μ の値は $\bar{x}\pm2.086\hat{\sigma}/\sqrt{n}$ のあいだにあるといっても 95％ は確かであるということを表わしています．$\hat{\sigma}$ は σ の推定値ですから，両者の大きさをだいたい同一とみなすと，同じ 95％ の確率で μ の真の値が存在すると考えられる区間が，t 分布の場合の方が広いことがわかります．すなわち，σ の値がわからないで代わりに $\hat{\sigma}$ を使ったことが，μ の推定にそれだけ不利となっていることを意味しています．

　以上は t 分布を使った推定についての説明ですが，次に，検定の例をあげましょう．いま，ある品目に対する家計の支出額が正規分布をしていると考えます．このとき 16 の家計について，その支出額の平均値 $\bar{x}$ と標準偏差 $\hat{\sigma}$ を求めたところ，$\bar{x}=1{,}170$ 円，$\hat{\sigma}=400$ 円であったとします．この品目に対する全家計の平均支出 μ の値は 1,000 円であるということを否定できるでしょうか．そこで，(6-48) の μ に仮説の値 1,000 円を代入し，t の値を計算すると

$$t=\frac{1170-1000}{400/\sqrt{16}}=1.7$$

となります．この t の値は自由度 15 の t 分布に従うはずで，

自由度 15 の t 分布では 1.753 より大きな値が現われる確率が 5％ですから，1.7 より大なる値が現われる確率は当然 5％ より大です（図 6-3）．

　したがって，5％ の有意水準では $\mu=1{,}000$ 円という仮説を

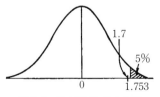

図 6-3　自由度 15 の t 分布

否定できないことになります。ところが，もし標準偏差の 400
円という値が真の σ の値であるとすると正規分布で確率を計算
してよいことになり，このとき 1.645 より大きな値の現われる
確率が 5 ％ですから，1.7 以上の値が現われる確率は 5 ％より
小となり，有意水準 5 ％で仮説は否定されます。

7 回帰分析と最小二乗法

§28 平均値による推定

いま，ある家計を想定して，その1ヵ月の消費支出がいくらかをあてることを考えてみましょう．その家計については，勤労者世帯であるというだけで，たとえば収入とか，家族構成とか世帯主の年齢とかについてかりに何も知らないとしたら，支出額をどれくらいと推定したらよいでしょうか．おそらく次のように考える人が多いのではないでしょうか．

「その家計がどんな家計であるか全くわからないのであるから，平均的な家計を考えてその支出額を答えておけば，だいたい当ることが最も多いだろう．したがって250,000円ぐらいであろう」（ちなみに総理府統計局*の家計調査では，昭和56年の都市勤労者世帯の1ヵ月平均消費支出は約240,000円です）．

ところが，このような常識的な答は，次のような意味で理論的にも全く正しいのです．いま，想定の対象となる可能性のあった世帯をN世帯とし，一つ一つの世帯に番号をつけます．問題となった世帯の番号を，かりに第i番とすると，iは1からNまでの数字でありうるわけです．この第i世帯の消費支出をY_iと書くと，その世帯の消費支出をY'円と考えて答えた場合，その答のはずれは$(Y_i - Y')$円となります．

そこで，問題の世帯が，第1番である場合から第N番である場合まで，ありうるすべての場合を考えて，答の平均的なはずれを考えると，まず

---

* 現在は総務省統計局．令和5年の主要家計指標では勤労者世帯の1ヵ月平均支出は約270,000円．

$$\frac{1}{N}\{(Y_1-Y')+(Y_2-Y')+\cdots\cdots+(Y_N-Y')\}$$

$$=\frac{1}{N}\sum_{i=1}^{N}(Y_i-Y') \tag{7-1}$$

が考えられます．この平均的なはずれがいちばん小さくてすむような Y' を見つければよいというのが，一見きわめて妥当な考え方でしょう．しかし，実は，この値をつねに0とするような Y' があるのです．それは Y の平均値 $\bar{Y}=\dfrac{1}{N}\sum_{i=1}^{N}Y_i$ です．これは容易に確かめられるでしょう．

　そこで，$Y'=\bar{Y}$ とすると，答のはずれは平均0という不合理に見える結果になります．

　この原因は，(7-1) が答のはずれの大きさだけでなく，その方向をも同時に考えているために，プラスのはずれ（答が小さすぎる）とマイナスのはずれ（答が大きすぎる）とが相殺されてしまうことにあります．

　ここでは，答のはずれの大きさだけが問題で，その方向（Y_i-Y' の符号）は問題でないと考えられますから，方向を無視してしまってよいのです．そのためには，簡単な方法として，答のはずれの絶対値をとって

$$\frac{1}{N}\sum_{i=1}^{}|Y_i-Y'| \tag{7-2}$$

を考えるのと，答のはずれの二乗をとって

$$\frac{1}{N}\sum_{i=1}^{}(Y_i-Y')^2 \tag{7-3}$$

を考えることの二つがあります．ところが絶対値をとる方は考え方としてはわかりやすいのですが，数学的操作がめんどうなので，二乗をとる (7-3) の方が便利です．

　そこで，(7-3) を答のはずれの平均的な大きさと考えて，それが最も小さくてすむような答 Y' を求める，ということが妥当な考え方といえるでしょう．〔(7-3) では，はずれが二乗の

次元で測られていますので，もとの次元にもどすためにその平方根をとって $\sqrt{\dfrac{1}{N}\sum\limits_{i=1}^{N}(Y_i-Y')^2}$ を考えるのが合理的ですが，これの最小を考えることも (7-3) の最小を考えることも同じですので，以下ここでは (7-3) の最小を考えることにします〕.

そこで，(7-3) の最小にする Y' を求めてみると，結果は $\overline{Y}$ となります*.

以上のように，ある世帯の消費支出をあてる際に，その世帯について何もわからない場合には，考えられるすべての世帯の平均的支出を答えるという常識的な考え方は，理論的にも根拠のあることがわかります．いいかえますと，ある家計の消費支出の推定をするときに，その家計について何もわからない場合には，全家計の平均消費支出を用いるのがよい，ということになります．

ところで (7-3) の最小値，すなわち

$$s_Y{}^2=\frac{1}{N}\sum_{i=1}^{N}(Y_i-\overline{Y})^2 \tag{7-4}$$

は家計の消費支出の分散であり，この分散の平方根，すなわち

$$s_Y=\sqrt{\frac{1}{N}\sum_{i=1}^{N}(Y_i-\overline{Y})^2} \tag{7-5}$$

は消費支出の標準偏差です．

いいかえると，いまの場合，この標準偏差の大きさは，ある一つの家計の支出を推定するのに，全家計の平均消費支出を用いたときに生じるはずれ（これを推定の誤差といいます）の平均的な大きさを表わしており，これは，その家計について何もわからない場合には，どうしてもこれ以上小さくすることので

---

*　最小値を求めるために (7-3) を Y' について微分すると

$$-\frac{2}{N}\sum_{i=1}^{N}(Y_i-Y')$$

となるから，これを 0 に等置した式から Y' を求めれば，$Y'=\dfrac{1}{N}\sum\limits_{i=1}^{N}Y_i=\overline{Y}$ となります．

きない最小限の平均的誤差に相当するわけです*.

§29　回帰による推定——回帰の考え方

　次に，いま，消費支出額の大きさを推定しようとしている家計について，その収入額がわかったとしましょう.（以下収入をXと書き表わしましょう）そうすると，その家計の消費支出額の推定値はもはや前節のように「全家計の平均消費支出」$\overline{Y}$ではありません. その家計の収入が少なければ，消費支出推定値は低くなるでしょうし，その家計の収入が多ければ，推定値は高くなるでしょう.

　このことは，前節では，どの家計についても$Y'=\overline{Y}$で同じものでしたが，こんどは家計の収入がわかるわけですから，その収入の大きさによって推定値の大きさを変えてやることができることを意味します. ということは，推定値Y'はもはや定数ではなく，収入(X)の関数となるわけです. この関数によるYの推定式を$Y'(X)$と書くことにすると，前と同じように考えて

$$\sqrt{\frac{1}{N}\sum_{i=1}^{N}\{Y_i-Y'(X_i)\}^2} \tag{7-6}$$

が推定の誤差の平均的大きさを表わしますから，これが最も小さくてすむように$Y'(X)$を決めればよいことになります.

----

*　ここで注意しておかなければならないことは，よく用いられる標準誤差（standard error）という言葉についてです. いまの例では，ある特定の家計たとえば第i家計の消費支出を推定することを考えていますから，それを平均値$\overline{Y}$で推定したときのはずれ$Y_i-\overline{Y}$（正確にはその符号をかえたもの）は，推定の誤差と考えることができます. この誤差の平均は0ですから，(7-5)はその誤差の標準偏差を表わすものです. そこで，それを簡単に標準誤差というわけです. これに対して，問題を上のような推定の問題とせずに，消費支出の大きさが，いろいろな家計のあいだでどのような差異があるかを考える場合には，$Y_i-\overline{Y}$は「誤差」ではなく，第i家計の支出額が全家計の平均的支出額よりもどれだけ多いか，あるいは少ないかを表わすものですから，(7-5)を標準誤差と呼ぶことは正しくはありません.

　ところで，この $Y'(X)$ の求め方ですが，前節と同じように第 i 家計については，その収入 X_i と同じ収入をもつ全部の家計の平均支出（これを $\overline{Y}(X_i)$ と書きましょう）を考えればよいことになります．このような収入 X の特定の値に対する消費支出 Y の平均値のことを，Y の X についての条件つき平均値といいます．

　一般に，この条件つき平均値は X の関数となりますが，これを X に対する Y の**回帰**（regression of Y on X）といいます．そしてこの回帰を表わす関数（**回帰関数**）は多くの場合代数的方程式で表わされ，なかでも一次式（この場合 X についての一次式）が最もよく使われます．この回帰は**線形回帰**（linear regression）と呼ばれ，これに対して回帰関数が一次式でない場合は**非線形回帰**（nonlinear regression）と呼ばれます．

　いろいろな経済変量の間で，真の回帰関係がどのようなかたちのものであるかを一般に知ることはできませんが，その関係について何らかの考え方をとることができます．それがモデルであり，たとえば，回帰関係を一次式と考えるとすれば，**線形モデル**（linear model）を考えていることになります．このように，真の回帰関係のかたちを特定のものに決めて考えることを回帰の関数型の**特定化**あるいは規定（specification of functional form）といいます．関数型が特定化されると，それを代数的方程式に書き表わすことができます．ここで考えている例について線形モデルを考えると

$$\overline{Y}(X) = a + bX \tag{7-7}$$

という回帰モデルになります．ここで，a と b はこの回帰関係の特性を規定する定数で，パラメータと呼ばれるものです．直線は二つのパラメータによって完全に規定されますし，一般に関数型を特定化することによって必要なパラメータの数が決まります．そこで，回帰を求めることは，このようなパラメータの値をデータから決定するという問題に帰着します．

　以上のことから，家計の収入 X を知ってその消費支出 Y を推

定するということは，Y の X に対する回帰を求める問題になり，そのためにはその回帰関係の関数型を特定化し，そのパラメータの値をデータから求めることになることがわかりました．このようにして決定された回帰関係から，特定の X の値に対する Y の推定値を計算することができます．

§30　最小二乗法

いま，線形回帰モデルを考えると，(7-6) 式のところの説明から

$$S = \sum_{i=1}^{N} \{Y_i - (a + bX_i)\}^2 \tag{7-8}$$

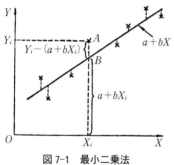

図 7-1　最小二乗法

を最小にするように a と b の値を決定すればよいことになります．これは，図 7-1 で A 点と B 点との距離の二乗を，すべての観測点（×印）について合計したものを最小にするように直線 $a + bX$ を決めることを意味します．このためには微分学の知識から，(7-8)

をそれぞれ a および b で偏微分して 0 と等置した式を a と b とについて解けばよいのです．

(7-8) を a で偏微分して 0 とおいた式は

$$\frac{\partial S}{\partial a} = -2 \sum_{i=1}^{N} \{Y_i - (a + bX_i)\} = 0 \tag{7-9}$$

b で偏微分して 0 とおいた式は

$$\frac{\partial S}{\partial b} = -2 \sum_{i=1}^{N} X_i \{Y_i - (a + bX_i)\} = 0 \tag{7-10}$$

で，これらの二つの式を整理すると

$$Na + b \sum_{i=1}^{N} X_i = \sum_{i=1}^{N} Y_i \qquad (7\text{-}11)$$

$$a \sum_{i=1}^{N} X_i + b \sum_{i=1}^{N} X_i{}^2 = \sum_{i=1}^{N} X_i Y_i \qquad (7\text{-}12)$$

となります. いいかえると, S を最小にするような a と b は (7-11) と (7-12) を満たすように決められなければなりません.

このような方法を**最小二乗法**（method of least squares）といいます. そして, (7-11), (7-12) は**正規方程式**（normal equations）と呼ばれます.

正規方程式 (7-11) および (7-12) を解きますと次のように a と b とが求まります.

$$a = \frac{\sum X_i{}^2 \sum Y_i - \sum X_i \sum X_i Y_i}{N \sum X_i{}^2 - (\sum X_i)^2} \qquad (7\text{-}13)$$

$$b = \frac{N \sum X_i Y_i - \sum X_i \sum Y_i}{N \sum X_i{}^2 - (\sum X_i)^2} \qquad (7\text{-}14)$$

また, (7-11) の両辺を N で割ると

$$\bar{Y} = a + b\bar{X} \qquad (7\text{-}15)$$

が得られます. したがって a は (7-13) ではなく, b を求めた後で

$$a = \bar{Y} - b\bar{X} \qquad (7\text{-}16)$$

によって計算してもよいわけで, この方が計算は簡単でしょう. なお (7-15) は, 最小二乗法で求められた回帰直線は点 $(\bar{X}, \bar{Y})$ を通ることを示しています.

さらに, Y_i と回帰 $a + bX_i$ との差を e_i と書きますと,

$$Y_i = a + bX_i + e_i \qquad (7\text{-}17)$$

ですから, この両辺から (7-15) の両辺を引くと

$$Y_i - \bar{Y} = b(X_i - \bar{X}) + e_i \qquad (7\text{-}18)$$

が得られます. ここで X および Y の平均値からの偏差をそれぞれ対応する小文字で表わし

$$y_i = Y_i - \bar{Y}, \quad x_i = X_i - \bar{X} \qquad (7\text{-}19)$$

と書けば，(7-18) は

$$y_i = bx_i + e_i \tag{7-20}$$

となります．また (7-9) は

$$\sum_{i=1}^{N} e_i = 0 \tag{7-21}$$

すなわち回帰方程式からの偏差 e_i の合計は 0 であることを意味しています．これは平均値からの偏差の合計は 0 であるということに対応します．また，(7-10) は

$$\sum_{i=1}^{N} X_i e_i = 0 \tag{7-22}$$

と書けます．これは回帰変数 X と回帰からの偏差 e_i との積和は 0 であることを表わしており，このことを X と e は直交するともいいます．これは最小二乗法による回帰からの偏差の重要な性質です．

ここでまた，(7-14) 式の b は次のように書けることも注意しておきましょう．分母分子を N^2 で割って変形すると，

$$b = \frac{\dfrac{1}{N}\sum X_i Y_i - \dfrac{\sum X_i}{N}\dfrac{\sum Y_i}{N}}{\dfrac{1}{N}\sum X_i{}^2 - \left(\dfrac{\sum X_i}{N}\right)^2} = \frac{\dfrac{1}{N}\sum (X_i - \bar{X})(Y_i - \bar{Y})}{\dfrac{1}{N}\sum (X_i - \bar{X})^2} \tag{7-23}$$

となります．これは

$$b = \frac{s_{XY}}{s_X{}^2} \tag{7-24}$$

と書くことができます．$s_X{}^2$ は X の分散，s_{XY} は X と Y の共分散です．

ここで，これまで説明してきたことがらを，数値例でもう一度ふり返ってみましょう．消費支出を推定しようとしている家計が，ある 10 家計のうちの 1 家計であり，それらの 10 家計について，実際の収入と消費支出のデータが表 7-1 のようであるとします．

いま，この 10 家計の中からどれか
わかりませんが 1 家計を選んだとし
て，その家計の消費支出を推定すると
きには，平均消費支出 25 万円をその
推定値としておけば，あり得るすべて
の場合を考えて，平均的な誤差の大き
さが最小になることになります．その
大きさは誤差の標準偏差で与えられ，
それは Y の標準偏差と同じで

$$s_Y = \sqrt{\frac{1}{10} \sum_{i=1}^{10} (Y_i - \bar{Y})^2} = \sqrt{35.4}$$
$$= 5.9498 \qquad (7\text{-}25)$$

となります.

さて，ここでもし消費支出額を推定
しようとしている家計の収入がわかっ

**表 7-1　10 家計の消費支
出と収入**

(単位　1 万円)

家　計 (i)	消費支出 (Y_i)	収　入 (X_i)
1	16	20
2	26	29
3	25	32
4	23	35
5	19	23
6	31	35
7	30	32
8	26	30
9	36	43
10	18	21
平均	25	30

たとして，収入に対する消費支出の回帰を使って消費支出を推
定することを考えると，表 7-1 のデータについて最小二乗法の
計算をすることになります．正規方程式をつくるために表 7-2

表 7-2　回帰の計算表

家　計 (i)	消費支出 (Y_i)	収　入 (X_i)	X_i^2	$X_i Y_i$	Y_i^2
1	16	20	400	320	256
2	26	29	841	754	676
3	25	32	1024	800	625
4	23	35	1225	805	529
5	19	23	529	437	361
6	31	35	1225	1085	961
7	30	32	1024	960	900
8	26	30	900	780	676
9	36	43	1849	1548	1296
10	18	21	441	378	324
計	250	300	9458	7867	6604

のような計算表をつくります（ここで Y_i^2 の欄は後の必要のために計算しておきます）と，これから $N=10$, $\sum_{i=1}^{10} X_i = 300$, $\sum_{i=1}^{10} Y_i = 250$, $\sum_{i=1}^{10} X_i^2 = 9458$, $\sum_{i=1}^{10} X_i Y_i = 7867$ ですから，（7-11），（7-12）から

$$10a + 300b = 250 \tag{7-26}$$
$$300a + 9458b = 7867 \tag{7-27}$$

となります．これを解いて a と b を求めると

$$a = 0.961 \tag{7-28}$$
$$b = 0.8013 \tag{7-29}$$

ですから，回帰関係を表わす方程式は

$$\overline{Y}(X) = 0.961 + 0.8013X \tag{7-30}$$

と推定されます．この結果を図示したものが図7-2です．

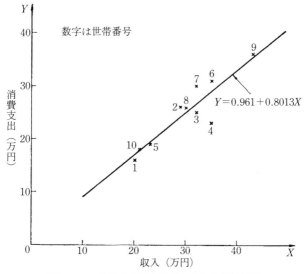

図7-2　10 家計の収入と消費支出および回帰線

§31　回帰による推定の有効度——決定係数と相関係数

さて，再び本題に戻って，(7-7) のような回帰を考えたことによって消費支出についての推定はどれくらい改良されたでしょうか．これを考えるには，推定の誤差が，回帰を考える前のものから回帰を考えた後にはどのくらいに減少したかを考えればよいのです．そのためにまず，最小二乗法で求められた回帰により消費支出を推定したときの推定の誤差の平均的な大きさを求めます．それは，Y_i を $a+bX_i$ によって推定することになりますから，前と同様に考えて

$$s_{Y \cdot X} = \sqrt{\frac{1}{N} \sum_{i=1}^{N} \{Y_i - (a+bX_i)\}^2} \qquad (7\text{-}31)$$

で表わされると考えてよいでしょう．$s_{Y \cdot X}$ という記号は，Y の標準偏差 s_Y では，偏差が Y の平均値からのものであるのに対し，ここでは，偏差が X に対する Y の回帰から測られていることを示すためにくふうされたものです．そして，この $s_{Y \cdot X}$ を単なる標準偏差と区別して，**回帰のまわりの標準偏差**といいます．この表現を用いますと，単なる標準偏差は平均値のまわりの標準偏差ということになるでしょう．

回帰を考える前と後とで推定の誤差がどう変化したかを考えるには，まず s_Y や $s_{Y \cdot X}$ でなく，それらの二乗 $s_Y{}^2$ や $s_{Y \cdot X}{}^2$ で考えます．いいかえると，分散の次元で考えるのです．そうすると，回帰による推定では，平均値による推定にくらべて

$$s_r{}^2 = s_Y{}^2 - s_{Y \cdot X}{}^2 \qquad (7\text{-}32)$$

だけ分散が減少したことになります．この $s_r{}^2$ は Y のもとの分散のうち X に対する Y の回帰に帰せられる部分と解釈できます．この (7-32) を書きかえると

$$s_Y{}^2 = s_r{}^2 + s_{Y \cdot X}{}^2 \qquad (7\text{-}33)$$

となりますが，これを言葉で書けば

　　　Y の分散＝X に対する回帰に基づく Y の分散

　　　　　＋回帰のまわりの Y の分散　　　　　　　(7-34)

ということになります．このように Y の分散 $s_Y{}^2$ すなわち Y の

値の大小の差異が，回帰に基づく部分（Xの値の差異のためであるとすることのできる部分）$s_r{}^2$ と，そうでない部分 $s_{Y \cdot X}{}^2$ とに分解できるのです.

さて，(7-32) の $s_r{}^2$ が大きいほど，回帰を用いたことによる Y の分散の減少が大であり，これは Y の推定に回帰の役立ち方が大であることを意味します. そこで，この $s_r{}^2$ を Y のもとの分散 $s_Y{}^2$ に対する比率で表わしたものを r^2 と書き

$$r^2 = \frac{s_r{}^2}{s_Y{}^2} = \frac{s_Y{}^2 - s_{Y \cdot X}{}^2}{s_Y{}^2} = 1 - \frac{s_{Y \cdot X}{}^2}{s_Y{}^2} \qquad (7\text{-}35)$$

を**決定係数**（coefficient of determination）と呼びます. これは X に対する Y の回帰が，したがって X が Y をどれだけ決定しているかを表わすもので，いいかえると，X の変動が Y の変動のどれだけの割合を説明しているかを示すものです.

一般に，回帰を用いた場合の方が，回帰を用いない場合より，推定の誤差が大きくなることはありませんから，$s_Y{}^2 \geqq s_{Y \cdot X}{}^2 \geqq 0$ です. したがって

$$0 \leqq r^2 \leqq 1 \qquad (7\text{-}36)$$

という関係が成り立ちます. $s_{Y \cdot X}{}^2 = s_Y{}^2$ したがって $s_r{}^2 = 0$ の場合には $r^2 = 0$ となり，これは X の変動が Y の変動を全く説明し得ない場合です. これに対して $s_{Y \cdot X}{}^2 = 0$ したがって $s_r{}^2 = s_Y{}^2$ の場合には $r^2 = 1$ となり，これは Y が X に対する回帰により完全に決定されてしまう場合です.

X に対する Y の回帰として，(7-7) のような線形式でない回帰が用いられている場合でも，全く同じように決定係数が定義されますが，特に線形回帰が用いられている場合には r^2 の平方根

$$r = \pm \sqrt{r^2} \qquad (7\text{-}37)$$

を相関係数といいます. これは，前章の (6-35) によって計算されるものと同じになります. なお r の正負は回帰式の係数 b の正負にしたがって決められ，r が正の場合をプラスの相関あるいは順相関，負の場合をマイナスの相関あるいは逆相関とい

います.

そこで, 前節の数値例について決定係数や相関係数を計算してみましょう. まず Y の分散 $s_Y{}^2$ を計算しますと

$$s_Y{}^2 = \frac{1}{10} \sum_{i=1}^{10} (Y_i - \bar{Y})^2 = \frac{1}{10} \sum_{i=1}^{10} Y_i{}^2 - \bar{Y}^2 = 660.4 - 625$$

$$= 35.4^* \tag{7-38}$$

となります. 次に, 回帰のまわりの Y の分散 $s_{X \cdot Y}{}^2$ を計算するには (7-31) のように, 定義どおり回帰のまわりの偏差を一つ一つ求めて, その二乗の平均値を求めるのではなく, 次の計算式によります.

$$s_{Y \cdot X}{}^2 = \frac{1}{N} \sum_{i=1}^{N} \{Y_i - (a + bX_i)\}^2$$

$$= \frac{1}{N} \left\{ \sum_{i=1}^{N} Y_i{}^2 - \left(a \sum_{i=1}^{N} Y_i + b \sum_{i=1}^{N} X_i Y_i \right) \right\} \quad (7\text{-}39)^{**}$$

この計算式の要点を言葉で表現すれば次のようになります. $\sum Y_i$ は a に対応する正規方程式, すなわち (7-8) の S を a で偏微分して得られた式 (7-11) の右辺であること, $\sum X_i Y_i$ は b に対応する正規方程式, すなわち (7-8) の S を b で偏微分して得られた式 (7-12) の右辺であることを注意しますと

　　　回帰からの偏差の二乗の合計

　　　　＝従属変数の値の二乗の合計－〔(回帰方程式のパラメータの推定値×対応する正規方程式の右辺の値) のパラメータ全部についての合計〕　　　　　　(7-40)

そこで, (7-39) に数値を代入すると

---

* 分散の計算には, その定義どおり, 平均値からの偏差の二乗の平均を計算するのでなく, 二乗の平均値から平均値の二乗を引くという計算式によることが, 計算の手間をはぶくために重要です.

** 証明: $\sum \{Y_i - (a + bX_i)\}^2 = \sum Y_i \{Y_i - (a + bX_i)\}$
　　　　　 $- a \sum \{Y_i - (a + bX_i)\} - b \sum X_i \{Y_i - (a + bX_i)\}$
ここで, 右辺の第2項および第3項における $\sum$ は (7-9), (7-10) により明らかに0です. そこで, 第1項を書き直せば求める結果が得られます.

$$s_{Y \cdot X}{}^2 = \frac{1}{10} \{6604 - (0.961 \times 250 + 0.8013 \times 7867)\}$$

$$= 5.99229 \tag{7-41}$$

となります．したがって決定係数および相関係数は

$$r^2 = 1 - \frac{5.99}{35.4} = 0.831 \tag{7-42}$$

$$r = \sqrt{0.831} = 0.912 \tag{7-43}$$

となります．したがって Y の分散のうち約 83% は X に対する回帰によって決定（説明）されることがわかります．また，回帰のまわりの標準偏差 $s_{Y \cdot X}$ は

$$s_{Y \cdot X} = \sqrt{5.99} = 2.447 \tag{7-44}$$

と計算されます．$s_Y = 5.95$ であったのにくらべ，回帰のまわりの標準偏差はずっと小さくなっています．

§32　多元回帰

さて次に，消費支出を推定しようとしている家計について，収入 X に追加して家族数 Z がわかったとします．家計の消費支出の大きさは家族数によっても違ってくると考えられますから，たとえ収入が同じでも，家族数が多いか少ないかによって，消費支出についての推定値は異なってくるでしょう．いいかえると，推定値 Y' は，§29 の場合のように単に X だけの関数ではなく，X と Z との両方の関数 $Y'(X, Z)$ となるのです．しかし，考え方は前と全く同様で

$$\sqrt{\frac{1}{N} \sum_{i=1}^{N} \{Y_i - Y'(X_i, Z_i)\}^2} \tag{7-45}$$

が推定の誤差の平均的な大きさを表わすわけで，これができるだけ小さくなるように $Y'(X, Z)$ を考えることになります．

そこで，やはり回帰を考えることにして，X および Z に対する Y の回帰関数を特定化します．いま線形式に特定化しますと

$$Y = a + b_1 X + b_2 Z \tag{7-46}$$

という回帰モデルになります[*]．したがって問題は前と同様に

$$S = \sum_{i=1}^{N} \{Y_i - (a + b_1 X_i + b_2 Z_i)\}^2 \qquad (7\text{-}47)$$

を最小にするようにパラメータ a, b_1 および b_2 の値を定めることに帰着します．そこで，(7-47) を a, b_1, b_2 でそれぞれ偏微分すれば

$$\frac{\partial S}{\partial a} = -2 \sum_{i=1}^{N} \{Y_i - (a + b_1 X_i + b_2 Z_i)\} \qquad (7\text{-}48)$$

$$\frac{\partial S}{\partial b_1} = -2 \sum_{i=1}^{N} X_i \{Y_i - (a + b_1 X_i + b_2 Z_i)\} \qquad (7\text{-}49)$$

$$\frac{\partial S}{\partial b_2} = -2 \sum_{i=1}^{N} Z_i \{Y_i - (a + b_1 X_i + b_2 Z_i)\} \qquad (7\text{-}50)$$

となりますから，これらをすべて 0 とおいて整理した式をつくれば，正規方程式

$$Na + b_1 \sum X_i + b_2 \sum Z_i = \sum Y_i \qquad (7\text{-}51)$$

$$a \sum X_i + b_1 \sum X_i^2 + b_2 \sum X_i Z_i = \sum X_i Y_i \qquad (7\text{-}52)$$

$$a \sum Z_i + b_1 \sum X_i Z_i + b_2 \sum Z_i^2 = \sum Z_i Y_i \qquad (7\text{-}53)$$

が得られます．$\sum$ の範囲は自明なので書くのを省略しました．

この正規方程式 (7-51)〜(7-53) を解いて a, b_1, b_2 を求めれば，消費支出の推定のために用いる回帰方程式

$$Y = a + b_1 X + b_2 Z \qquad (7\text{-}54)$$

が得られることになります．

(7-46) のように二つ以上の変数に対する回帰を考えるとき，回帰は**多元回帰**または**重回帰**（multiple regression）と呼ばれ，これに対して (7-7) のような一つの変数に対する回帰を**単純回帰**（simple regression）と呼ぶことがあります．また，回帰方程式の独立変数を説明変数または回帰因子と呼び，従属変数を被説明変数または被回帰因子とも呼びます．

多元回帰についても，単純回帰の場合と同じように決定係数を考えることができます．回帰 (7-54) のまわりの Y の分散を

---

* これまでの記号法に従えば，(7-46) の左辺は $\bar{Y}(X, Z)$ と書かれるべきですが，簡単化のため通常の書き方に従い，単に Y と書きました．

$s_{Y \cdot XZ}{}^2$ と表わすと，これは

$$s_{Y \cdot XZ}{}^2 = \frac{1}{N} \sum_{i=1}^{N} \{Y_i - (a + b_1 X_i + b_2 Z_i)\}^2 \qquad (7\text{-}55)$$

で計算されます．そこで，はじめの Y の分散 $s_Y{}^2$ が多元回帰 (7-54) を考えたことによりどれだけ減少したかを計算すると

$$s_r{}^2 = s_Y{}^2 - s_{Y \cdot XZ}{}^2 \qquad (7\text{-}56)$$

となります．この $s_r{}^2$ を前と同様に $s_Y{}^2$ に対する割合で表わしたものを R^2 と書き，

$$R^2 = \frac{s_r{}^2}{s_Y{}^2} = 1 - \frac{s_{Y \cdot XZ}{}^2}{s_Y{}^2} \qquad (7\text{-}57)$$

を（重）**決定係数**〔coefficient of (multiple) determination〕といい，その平方根

$$R = \sqrt{R^2} \qquad (7\text{-}58)$$

を**重相関係数**（multiple correlation coefficient）といいます．重決定係数 R^2 も単純決定係数 r^2 と同じように，その値は 0 と 1 のあいだの範囲にあります．ただし，重相関係数 R には単純相関係数 r の場合のように負の値はなく，0 から 1 までの範囲の値をとります．これは，二つの変数のあいだでならば両方の変化の方向が同じであるとか，逆であるということに意味がありますが，二つ以上の回帰因子の組と被回帰因子のあいだでは，変化の方向の一致・不一致をうんぬんすることはできないからです．

なお，$s_{Y \cdot XZ}{}^2$ を計算するには前述の (7-40) の計算規則から

$$s_{Y \cdot XZ}{}^2 = \frac{1}{N} \{\sum Y_i{}^2 - (a \sum Y_i + b_1 \sum Y_i X_i$$
$$+ b_2 \sum Y_i Z_i)\} \qquad (7\text{-}59)$$

という計算式を利用することができます．

表 7-3 のデータは表 7-1 の 10 家計について家族数 Z のデータを加えたものですが，これについて (7-54) の回帰方程式を計算してみると，以下のようになります．

$$N = 10, \ \sum X_i = 300, \ \sum Z_i = 41$$

$\sum Y_i = 250,\quad \sum X_i{}^2 = 9458,\quad \sum X_i Z_i = 1277$

$\sum X_i Y_i = 7867,\quad \sum Z_i{}^2 = 187,\quad \sum Z_i Y_i = 1084$

と計算されますから，正規方程式は (7-51)〜(7-53) から

$$10a + 300b_1 + 41b_2 = 250 \tag{7-60}$$

$$300a + 9458b_1 + 1277b_2 = 7867 \tag{7-61}$$

$$41a + 1277b_1 + 187b_2 = 1084 \tag{7-62}$$

となります．これを解くと

$a = -0.5876$

$b_1 = 0.6458$

$b_2 = 1.5159$

が得られます．したがって

$$Y = -0.5876 + 0.6458X + 1.5159Z \tag{7-63}$$

という回帰方程式が得られたわけです．これによると，他の条件が同じならば，所得の 10000 円の増加は消費支出を約 6600 円増加させること，家族数の 1 人の増加は消費支出を約 11300 円増加させるということになります．

表 7-3 10 家計の消費支出と収入，家族数

家計 (i)	消費支出 (Y_i)	収 入 (X_i)	家族数 (Z_i)
1	16	20	2 人
2	26	29	5
3	25	32	4
4	23	35	3
5	19	23	4
6	31	35	5
7	30	32	7
8	26	30	3
9	36	43	5
10	18	21	8
	$\bar{Y}=25$	$\bar{X}=30$	$\bar{Z}=4.1$

次に決定係数を計算するために $s_{Y\cdot XZ}{}^2$ を計算してみると，(7-59) から

$$s_{Y\cdot XZ} = \frac{1}{10}\{6604 - (-0.5876\times250 + 0.6458\times7867 + 1.5159\times1084)\} = 2.716 \tag{7-64}$$

となりますから，(7-57) から

$$R^2 = 1 - \frac{2.716}{35.4} = 0.923 \tag{7-65}$$

したがって重相関係数 R は

$$R = \sqrt{0.923} = 0.961 \tag{7-66}$$

となります．また回帰のまわりの標準偏差 $s_{Y \cdot XZ}$ は

$$s_{Y \cdot XZ} = \sqrt{2.716} = 1.648 \qquad (7\text{-}67)$$

と計算されます．

　以上の結果を前節の単純回帰の場合の結果と比較すると，決定係数は 0.831 から 0.923 へと大きくなり，回帰のまわりの Y の標準偏差は 2.447 から 1.648 へと小さくなっており，これは単純回帰 (7-30) に比べて，多元回帰 (7-63) による方が Y の推定の精度がよいことを表わしているものにほかなりません．

　以上で，説明変数が二つの場合の多元回帰の説明までが終わりましたが，説明変数がもっと多くなっても，基本的には変わるところはありません．ただ説明変数が多くなると急速に計算量が増大し，やがてコンピュータにたよらなければならなくなるのです．現在では，回帰分析に関してはコンピュータのプログラムが非常によく整備されていますから，大きな回帰モデルについての計算も簡単に行うことができます．

8 回帰の統計的推測理論

§33 計量モデルにおける攪乱項の役割

これまでに，ある家計の消費支出を当てるという問題から出発して回帰の考え方と計算法とを学びました．回帰ははじめは広い範囲のうちのどこにあるかわからない答（消費支出）を，それと関係のあるもの（収入，家族数など）についての情報を得ることによって，つぎつぎに狭い範囲につきつめていくために用いられるものでした．しかしこれまでの説明では，消費支出を推定しようとしている家計が，ある N 家計のなかのどれかで，回帰の計算もその N 世帯についてのデータに基づいてなされるように考えてきました．

しかしながら，消費支出を推定しようとする候補となる家計の集団は，回帰の計算にデータが利用できる家計の集団よりも大きなものと考えられるのがふつうです．そして分析の目的も，単にある家計の消費支出を当てるということよりも，消費支出と収入など，その決定要因との間の関係を求めることにあります．

たとえば，いくつかの家計（かりに n 家計としましょう）のデータから収入と消費支出の関係を，収入に対する消費支出の回帰のかたちで計算する場合に，得られた関係は単にその n 家計についてだけあてはまる関係ではなく，その n 家計をも含んだもっと大きな家計の集団について成り立っている関係を表わしたもの（ただし，完全に正確にではありませんが）と考えられます．このように n 家計という一部分の家計の集団のデータについて計算された関係は，実は，その背後のもっと大きな家計の集団における関係について何らかの情報を与えると考えられます．この大きな集団のことを**母集団**（population）とい

い，その一部分である小さな n 家計の集団を**標本**（sample）といいます*.

そこで，このような母集団と標本という観点から，回帰分析の理論を整理してみましょう.

いま，母集団において消費支出 Y と収入 X のあいだに次のような線形関係が成り立っているとします.

$$Y = \alpha + \beta X + u \tag{8-1}$$

ここで u は，個々の家計について，いろいろと小さな事情の作用から，その消費支出が正確に $\alpha + \beta X$ に一致することを妨げているもので，その大きさは，いろいろな値となる可能性があります. すなわち u は確率変数であると考えられます. そして u は平均的にはゼロ，そしてその標準偏差は σ であり，これはあらゆる家計について同じであると仮定します**.

また，u は異なる家計のあいだで独立であるとします. これは，どの家計の u の大きさも他の家計の u の大きさに引きずられて変化することがないことを意味します. この仮定が成立しない場合の一つの例は，いわゆる**誇示効果**（demonstration effect）が働く場合で，たとえば，ある家計の分不相応の（その収入から当然と考えられる以上の）消費支出が，他の家計の消費支出を刺激するというような場合です.

これは，ある家計について u がプラスであることが，他の家計の u もプラスにする傾向があることを意味します. このような場合には，モデル（8-1）の規定が適切でないことを意味しま

---

　　*　以下のモデルで，母集団というときは，厳密には，単に標本家計の背後にある大きな家計集団を意味するだけでなく，個々の家計について，消費支出の大きさのいろいろな可能性（そのなかから一つの場合が実際に起こったと考える）の集まりという仮空的なものをいうのですが，議論がわかりにくくなりますので，あまり厳密な注意をしないことにします.

　　**　このことは，前注の注意を考えなければ理解できませんから注意して下さい. さらに，§26で説明したように，中心極限定理から，u の分布は正規分布であるという仮定をつけ加えることができます. このときには，u の分布は $N(0, \sigma^2)$ となります.

すから，u の独立性が満足されるようにモデルをつくりかえることが必要です．このようにモデルの規定に当たっては，単に方程式のかたちや関係する変数の選択だけでなく，攪乱項 u の確率的性質にも注意しなくてはなりません．これはモデルの計測に用いられる統計的方法によって要請されることで，計量経済モデルをつくるうえに細心の注意が要求される点です．

さて以上の仮定から，Y は，独立変数 X の値が与えられたとき，平均が $\alpha + \beta X$，分散が σ^2 の確率変数になります*．このことは非常に重要な意味をもっています．というのは，u という確率変数はふつう観察できないものです．観察できるのは，個々の家計についての変数 X の値と，それに対応する確率変数 Y の値だけですから，パラメータの α と β の真の値がわからない以上，真の u は観察できません．

このような u の確率的性質について，平均や分散さらには分布のかたちまで規定したわけですが，上述のようにそれがいまや観察できる確率変数 Y についての規定に変換できたわけです．そしてこの変換を可能にしたのがモデル (8-1) なのです．

以上の結果として，モデルのなかに現われるパラメータの α や β，さらに σ^2 は，観察できる確率変数 Y の分布のパラメータと解釈できることになり，母集団の分布のパラメータについて，標本に基づいて推論を行うための近代統計学の方法が適用できることになるのです．

以上の説明から，計量経済モデルにおける攪乱項のもつ意義を十分理解できたはずです．一般に計量経済モデルにおける観察不可能な攪乱項の確率的性質についての規定によって，構造方程式を媒介として，観察可能な内生変数を確率変数とみなしてもよいことになり，しかも，構造方程式のパラメータを内生変数の確率分布のパラメータと考えることができるのです．そして確率分布のパラメータについての統計的推論の方法が経済

---

* u の分布が正規分布である場合には，Y の分布は $N(\alpha + \beta X, \sigma^2)$ となります．

的構造方程式のパラメータに適用できることになります.

§34　回帰パラメータの推定値の標本分布

以上述べたことにしたがって, 標本の n 家計について観察された収入 X および消費支出 Y のデータに基づいて, 母集団の回帰モデル

$$Y = \alpha + \beta X + u \tag{8-2}$$
$$u \text{ は } N(0, \sigma^2)$$

のパラメータ α, β および σ^2 を推定する問題を考えましょう.

いま α および β の推定のために前述の最小二乗法を用いると, それによって得られる推定値を a および b とするとき, それらは 103 ページで述べたように,

$$b = \frac{n\sum X_i Y_i - \sum X_i \sum Y_i}{n\sum X_i{}^2 - (\sum X_i)^2}$$
$$= \frac{\sum (X_i - \bar{X})(Y_i - \bar{Y})}{\sum (X_i - \bar{X})^2} \tag{8-3}$$
$$a = \bar{Y} - b\bar{X} \tag{8-4}$$

によって求められます.

ところで, この計算に用いられたデータは, 母集団の中から何らかの方法で選ばれた n 家計についてのものですから, どのような世帯が選ばれるかによって a や b の値は違ってきます. いいかえると, a や b は選ばれた標本のいかんによって違った値をとります. 図 8-1 は a と b の値の標本による違いを示したもので, 破線で示された真の回帰に対して標本 (×点で示されています) から推定される回帰は, 実線のように標本のいかんにより図の(a)や(b)のようになり, a および b はそれぞれ α および β より大きくなったり小さくなったりします. すなわち, a や b は標本変動をもつわけです. それではその標本変動の確率的法則, すなわち a および b の標本分布はどうなるでしょうか. それは次のように Y の確率分布 (そのもとは u の確率分布) から求めることができます.

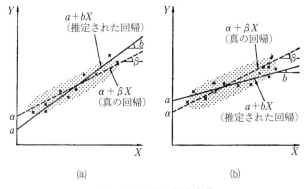

図 8-1　回帰線の標本変動

　まず a と b の期待（平均）値を求めてみましょう．はじめに b の期待値を求めます．そのためには b が確率変数 Y の一次式であることに注目して，(8-3) を次のように書き直します．

$$b=\frac{\sum(X_i-\bar{X})(Y_i-\bar{Y})}{ns_X{}^2}=\sum_i\frac{(X_i-\bar{X})}{ns_X{}^2}(Y_i-\bar{Y})$$
$$=\sum_i c_i(Y_i-\bar{Y}) \tag{8-5}$$

ただし

$$c_i=\frac{X_i-\bar{X}}{ns_X{}^2} \tag{8-6}$$

です．ここで X，したがって c_i は確率変数でないこと，および

$$\sum_i c_i=\frac{\sum(X_i-\bar{X})}{ns_X{}^2}=0 \tag{8-7}$$

に注意しておきましょう．また

$$\bar{Y}=\frac{1}{n}\sum_i Y_i=\frac{1}{n}\sum_i(\alpha+\beta X_i+u_i)$$
$$=\frac{1}{n}(n\alpha+\beta\sum_i X_i+\sum_i u_i)=\alpha+\beta\bar{X}+\bar{u} \tag{8-8}$$

$$Y_i - \bar{Y} = \alpha + \beta X_i + u_i - (\alpha + \beta \bar{X} + \bar{u})$$
$$= \beta(X_i - \bar{X}) + u_i - \bar{u} \qquad (8\text{-}9)$$

ですから，(8-5) は

$$b = \sum_i c_i \{\beta(X_i - \bar{X}) + u_i - \bar{u}\}$$
$$= \beta \sum_i c_i(X_i - \bar{X}) + \sum_i c_i u_i - \bar{u} \sum_i c_i$$

となりますが，(8-7) および

$$\sum_i c_i(X_i - \bar{X}) = \sum_i \frac{(X_i - \bar{X})}{n s_X^2}(X_i - \bar{X}) = \frac{\sum(X_i - \bar{X})^2}{n s_X^2}$$
$$= \frac{n s_X^2}{n s_X^2} = 1 \qquad (8\text{-}10)$$

ですから

$$b = \beta + \sum_i c_i u_i \qquad (8\text{-}11)$$

となります.

ここで b の期待値を求めますと，

$$E(b) = \beta + E(\sum_i c_i u)$$

c_i は確率変数ではないので定数と同様に扱って

$$E(\sum_i c_i u_i) = \sum_i c_i E(u_i)$$

となり，$u_i(i=1, 2, \cdots\cdots, n)$ はすべて期待値 0 ですから，結局

$$E(b) = \beta \qquad (8\text{-}12)$$

となります.

次に (8-4) 式の a の期待値を求めると

$$E(a) = E(\bar{Y}) - E(b\bar{X}) = \alpha + \beta \bar{X} - \bar{X}E(b) = \alpha \qquad (8\text{-}13)$$

となります. したがって a および b は平均的には母集団のパラメータ α および β にそれぞれ等しくなることがわかります. このことを，a および b はそれぞれ α および β の**不偏推定値**（unbiased estimate）すなわち偏りのない推定値といいます.

次に分散を求めましょう. まず b の分散を求めます. それを σ_b^2 と書くと，u が独立であることに注意して

$$\sigma_b{}^2 = \mathrm{var}\,(b) = \mathrm{var}\,(\beta + \textstyle\sum c_i u_i) = \mathrm{var}\,(\textstyle\sum c_i u_i)^{*}$$
$$= \sum_i c_i{}^2\,\mathrm{var}\,(u_i) = \sum_i c_i{}^2 \sigma^2 \qquad (8\text{-}14)^{**}$$

ここで

$$\sum_i c_i{}^2 = \sum_i \frac{(X_i - \bar{X})^2}{(n s_X{}^2)^2} = \frac{n s_X{}^2}{(n s_X{}^2)^2} = \frac{1}{n s_X{}^2} \qquad (8\text{-}15)$$

ですから

$$\sigma_b{}^2 = \frac{1}{n s_X{}^2}\sigma^2 \qquad (8\text{-}16)$$

が得られます.

次に a の分散 $\sigma_a{}^2$ を求めてみます. a も Y の一次式であることを注意して (8-4) を書き直すと

$$a = \bar{Y} - b\bar{X} = \frac{1}{n}\sum_i Y_i - \left(\sum_i c_i Y_i\right)\bar{X}$$
$$= \sum_i \left(\frac{1}{n} - c_i \bar{X}\right) Y_i \qquad (8\text{-}17)^{***}$$

となりますから

$$\sigma_a{}^2 = \mathrm{var}\,(a) = \mathrm{var}\left\{\sum_i \left(\frac{1}{n} - c_i \bar{X}\right) Y_i\right\}$$
$$= \sum_i \mathrm{var}\left\{\left(\frac{1}{n} - c_i \bar{X}\right) Y_i\right\} = \sum_t \left(\frac{1}{n} - c_i \bar{X}\right)^2 \mathrm{var}\,(Y_t)$$
$$= \sum_t \left(\frac{1}{n^2} + c_i{}^2 \bar{X}^2 - \frac{2 c_i \bar{X}}{n}\right)\sigma^2$$
$$= \left(\frac{1}{n} + \sum_i c_i{}^2 \bar{X}^2\right)\sigma^2 = \left(\frac{s_X{}^2 + \bar{X}^2}{n s_X{}^2}\right)\sigma^2$$

---

* 定数部分 β はあっても分散には関係ありません (86 ページ, (6-23)).

** 88 ページ (6-34) を利用します.

*** (8-7) を 利 用 す る と $b = \sum_i c_i(Y_i - \bar{Y}) = \sum c_i Y_i - \sum c_i \bar{Y} = \sum_i c_i Y_i - \bar{Y}\sum_i c_i = \sum_i c_i Y_i$

$$= \frac{\sum X_i{}^2}{n^2 s^2{}_X} \sigma^2 \qquad\qquad (8\text{-}18)^*$$

が得られます.

　以上，計算をていねいに書いたため，かなり長くなりましたが，最小二乗法で求めた a および b の期待値と分散がどうなるかを知ることができました．ここで a と b の分散の式 (8-18) および (8-16) について次のように興味のある解釈をすることができます.

　まず b の分散について考えてみましょう．(8-16) から $\sigma_b{}^2$ の大きさは，二つの要素によって決まることがわかります．すなわち，一つは X の分散 $s_X{}^2$（分母の $1/n$）であり，あと一つは u の分散 σ^2（分子）です．

　まず，X の分散 $s_X{}^2 = \frac{1}{n}\sum(X_i - \bar{X})^2 = \frac{1}{n}\sum X_i{}^2 - \bar{X}^2$（ただし $\bar{X} = \frac{1}{n}\sum X_i$）が大きいほど $\sigma_b{}^2$ は小さくなります．また u の分散 σ^2 が小さいほど $\sigma_b{}^2$ は小さくなります．このことは，図 8-2 のような比喩で直観的にも理解できます．回帰線を引くことはちょうど $s_X{}^2$ の長さをもち，σ^2 の太さをもつパイプにまっすぐの棒を通すようなもので，その棒の方向を表わすものが b です．パイプの太さが同じならば，長さの長い（$s_X{}^2$ が大きい）方ほど棒の方向は狭い範囲しかとれません〔図 8-2 の(a)と(b)の比較〕．すなわち，$\sigma_b{}^2$ は小さいわけです．また，パイプの長さが同じならば，細い（σ^2 が小さい）パイプほど棒の方向は狭い範囲しか動けません〔図 8-2 の(c)と(d)の比較〕．(8-16) はこのようなことを表わしているわけです.

　また，a の分散については，(8-18) を見ると b の場合と同様なことのうえに，$\sum X_i{}^2$ の大きさが問題になります．それは長さ $s_X{}^2$，太さ σ^2 のパイプ全体が縦軸からどれだけ離れてい

---

　*　分散の計算式 $s_X{}^2 = \frac{1}{n}\sum X_i{}^2 - \bar{X}^2$ から $s_X{}^2 + \bar{X}^2 = \frac{1}{n}\sum X_i{}^2$ となります.

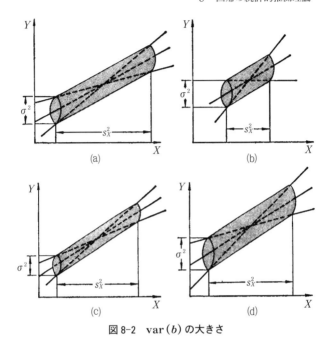

図 8-2　var(b) の大きさ

るかを表わすと考えられ，$\sum X_i^2$ が大きいほど縦軸から遠いところにあると考えることができます．図8-3 がそのことを示したもので，$\sum X_i^2$ が大きい(b)の場合の方が，それが小さい(a)の場合より a のとりうる値の範囲が大きく，したがって σ_a^2 が大きくなることが明らかです．

　これまでのところでは，u の確率分布のかたちについては何も仮定せずに成り立つ計算を行ってきました．ここで u の分布を正規分布と仮定すると，前に注意しましたように，a や b は X を与えられたときには Y の一次式ですから，Y が正規分布をするとき，a や b もまた正規分布をします（正規分布をする確率変数の一次式はやはり正規分布をする）．さきに，a と b の平均値と分散とは求めましたから，それを使って a の分布は

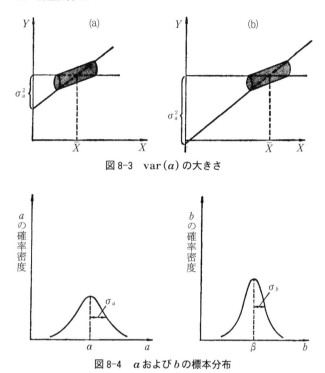

図 8-3　var(a) の大きさ

図 8-4　a および b の標本分布

$N(\alpha, \sigma_a{}^2)$,　b の分布は $N(\beta, \sigma_b{}^2)$ であることがわかります.
図 8-4 にそれを示しました. したがって,

$$z_a = \frac{a - \alpha}{\sigma_a} \qquad \text{および } z_b = \frac{b - \beta}{\sigma_b} \qquad (8\text{-}19)$$

はいずれも標準正規分布をすることになります.

§35　回帰パラメータの区間推定

　以上の知識を使うと, まず次のようにして回帰モデルのパラ
メータ α および β の区間推定ができます. 以下 β について説明
しましょう. 前述のように $(b - \beta)/\sigma_b$ が標準正規分布をしま

すから，たとえば

$$P_r\left\{-1.96<\frac{b-\beta}{\sigma_b}<1.96\right\}=0.95 \qquad (8\text{-}20)$$

が成り立ちます．これから

$$P_r\{b-1.96\sigma_b<\beta<b+1.96\sigma_b\}=0.95 \qquad (8\text{-}21)$$

が導かれます．これが β の区間推定を与えるわけですが，ここで問題は σ_b の値がわからないことです．

$\sigma_b{}^2$ を求める式 (8-16) において，n および $s_X{}^2$ は標本から得られる値ですが，σ^2 は母集団のパラメータであり，一般に未知です．そこで σ^2 の代わりにその何らかの推定値を使う必要があります．そのために適当なものは次の式で与えられる推定値 $\hat{\sigma}^2$ です．

$$\hat{\sigma}^2=\frac{1}{n-2}\sum_{i=1}^{n}\{Y_i-(a+bX_i)\}^2 \qquad (8\text{-}22)$$

前章では回帰のまわりの Y の分散として (7-39) 式（109ページ）

$$s_{Y\cdot X}{}^2=\frac{1}{n}\sum_{i=1}^{n}\{Y_i-(a+bX_i)\}^2 \qquad (8\text{-}23)$$

を考えました（ここではデータ数を N の代わりに n で表わしています）．この両者はともに回帰からの残差の平方和を用いているのに，$s_{Y\cdot X}{}^2$ ではそれをデータの数 n で割っており，それに対して $\hat{\sigma}^2$ ではそれを $n-2$ で割っているところに違いがあります．

$n-2$ はこの残差平方和の自由度と呼ばれるものです．それは次のような理由によります．確率変数 Y についての n 個の独立な観察値 $Y_1, Y_2, \cdots\cdots, Y_n$ はすべてそれぞれが自由な値をとることができますが，n 個の残差 $\hat{u}_i=Y_i-(a+bX_i)\,(i=1, 2, \cdots\cdots, n)$ は n 個がすべて自由な値をとることはできません．それは，それらの間では二つの正規方程式が満たされており，すなわち (7-9) および (7-10) が成立しており，それは

$$\sum_{i=1}^{n} \hat{u}_i = 0 \tag{8-24}$$

$$\sum_{i=1}^{n} X_i \hat{u}_i = 0 \tag{8-25}$$

が成り立つことを意味しているからです．いいかえると，n個の残差$\hat{u}_i$は(8-24)と(8-25)の二つの関係を満足させるものでなければなりません．したがってn個のうち$n-2$個までは自由な値をとることができても，残りの2個は(8-24)と(8-25)を満たすような値をとらなければならず，自由な値をとれないのです．一般的には，残差平方和の自由度は，データの数nから，残差を計算するためにデータから推定されなければならないパラメータの数k（今の場合αとβの二つ）を引いたもの，すなわち$n-k$です．

　一般に，母集団の分散σ^2の推定値としては，残差平方和を，データの数nでなく自由度で割ったものが適当とされます．それがσ^2の偏りのない（不偏）推定値となることがわかっているからです．すなわち，今の場合

$$E(\hat{\sigma}^2) = \sigma^2 \tag{8-26}$$

です．

　いま(8-16)においてσの代わりに$\hat{\sigma}$を用いたときの$\sigma_b{}^2$を$\hat{\sigma}_b{}^2$と書くと，

$$\hat{\sigma}_b{}^2 = \frac{1}{ns_X{}^2}\hat{\sigma}^2 \tag{8-27}$$

この$\hat{\sigma}_b$を(8-19)におけるσ_bの代わりに用いるとき，z_bの代わりにt_bと書きますと

$$t_b = \frac{b - \beta}{\hat{\sigma}_b} = \frac{b - \beta}{\hat{\sigma}/\sqrt{n}\,s_X} \tag{8-28}$$

は自由度$n-2$のt分布をすることが証明されます．このことを用いればβの区間推定や検定ができることになります．

　いま自由度が$n-2$のt分布において中央に95％の確率を含む範囲を$(-t_{0.025}(n-2),\ t_{0.025}(n-2))$としますと，

$$P_r\{-t_{0.025}(n-2) < t_b < t_{0.025}(n-2)\} = P_r\{-t_{0.025}(n-2)$$
$$< \frac{b-\beta}{\hat{\sigma}_b} < t_{0.025}(n-2)\} = 0.95 \qquad (8\text{-}29)$$

ですから

$$P_r\{b - t_{0.025}(n-2)\hat{\sigma}_b < \beta < b + t_{0.025}(n-2)\hat{\sigma}_b\}$$
$$= 0.95 \qquad (8\text{-}30)$$

が得られます. すなわち,（8-30）によって信頼係数 95％ での β の区間推定ができるわけです.

α の区間推定についても同様に,

$$t_a = \frac{a-\alpha}{\hat{\sigma}_a} = \frac{a-\alpha}{\sqrt{\sum X_i^2}\,\hat{\sigma}/n s_X} \qquad (8\text{-}31)$$

が自由度 $n-2$ の t 分布をすることを利用することができます.

§36 回帰パラメータの検定と t 値

次に検定について説明しましょう. ここでもまた β についての検定を説明します. いま β の値がある特定の値 β_0 に等しいという仮説, すなわち

$$H_0 : \beta = \beta_0 \qquad (8\text{-}32)$$

という仮説を検定するとします. この仮説 H_0 が正しいとすれば

$$t_{b0} = \frac{b-\beta_0}{\hat{\sigma}_b} = \frac{b-\beta_0}{\hat{\sigma}/\sqrt{n}\,s_X} \qquad (8\text{-}33)$$

は自由度 $n-2$ の t 分布をする変数の一つの観察値であることになります.

そこで t_{b0} の値が自由度 $n-2$ の t 分布における 95％ の範囲 $(-t_{0.025}(n-2),\ t_{0.025}(n-2))$ の中の値であるならば仮説 H_0 を棄却できないし, その範囲の外の値であるならば仮説 H_0 は成立しないとされるのです. これが有意水準 5％ の検定です.

しかし計量経済モデルにおける仮説検定は, §21 でも説明したように, β の値が 0 であるという仮説, すなわち

$$H_0 : \beta = 0 \tag{8-34}$$

を検定するというのがふつうです．回帰モデル (8-2) において係数 β が 0 であるということは，X が Y に影響を及ぼさないということであり，この仮説が否定（棄却）されれば X が Y に影響を及ぼすことが実証されたことになるわけです．そこでこの仮説が正しいとしたときの t の値

$$t_0 = \frac{b}{\hat{\sigma}_b} = \frac{b}{\hat{\sigma}/\sqrt{n}\,s_X} \tag{8-35}$$

を計算し，これを前と同様に自由度 $n-2$ の分布の値と比較することになります．

この $\beta = 0$ という仮説を検定するための t の値 t_0，すなわち (8-35) の t_0 のことを **t 値**（t-value）といいます．計量経済モデルにおいては，この t 値がきわめてよく用いられます．

§37　決定係数・相関係数と自由度調整

推測統計理論的にも §31 の場合と同様に決定係数や相関係数を考えることができます．しかしここで注意しなければならない点は，Y の分散や回帰のまわりの Y の分散の計算です．§31 では，$s_Y{}^2$ や $s_{Y \cdot X}{}^2$ はすべてそれぞれの偏差平方和をデータの数 n で割り算して求めていましたが，§35 でも注意したように自由度で割り算するのが適当です．そこで

$$\hat{\sigma}_Y{}^2 = \frac{1}{n-1} \sum_{i=1}^{n} (Y_i - \bar{Y})^2 \tag{8-36}$$

$$\hat{\sigma}^2 = \frac{1}{n-2} \sum_{i=1}^{n} \{Y_i - (a + bX_i)\}^2 \tag{8-37}$$

とし，

$$\bar{r}^2 = 1 - \frac{\hat{\sigma}^2}{\hat{\sigma}_Y{}^2} \tag{8-38}$$

により決定係数を計算します．この $\bar{r}^2$ のことを**自由度調整ずみの決定係数**といい，(7-35) 式の自由度未調整の決定係数 r^2 と区別します．

　このような自由度調整ずみの決定係数 $\bar{r}^2$ については次のことがいえます.

　第1に，自由度調整を行うと決定係数の値は調整前よりも小さくなります．すなわち

$$\bar{r}^2 < r^2 \tag{8-39}$$

です．これは

$$\frac{\hat{\sigma}^2}{\hat{\sigma}_Y^2} = \frac{\dfrac{n}{n-2}s_{Y \cdot X}^2}{\dfrac{n}{n-1}s_Y^2} = \frac{n-1}{n-2}\frac{s_{Y \cdot X}^2}{s_Y^2} > \frac{s_{Y \cdot X}^2}{s_Y^2} \tag{8-40}$$

ですから，$\bar{r}^2$ の方が1から引かれる項の値が大きいからです．$\bar{r}^2$ と r^2 との差は，標本数 n が相対的に小さく，パラメータの数 k（今の場合は2）が相対的に大きいほど，大きくなります．

　一般に，独立変数が二つ以上の場合（多元回帰の場合）に，自由度未調整の決定係数 R^2 と自由度調整ずみの決定係数 $\bar{R}^2$ との間には次のような関係があります．

$$\bar{R}^2 = 1 - (1-R^2)\frac{(n-1)}{(n-k)} = R^2 - \frac{(k-1)}{(n-k)}(1-R^2) \tag{8-41}$$

　第2に，自由度調整を行った決定係数はマイナスの値になる場合もありえます．自由度調整前のものは，$s_{Y \cdot X}^2 \leqq s_Y^2$ ですからマイナスになることはありませんが，$\hat{\sigma}^2 \leqq \hat{\sigma}_Y^2$ は必ずしもいえませんので，$\bar{r}^2$（あるいは $\bar{R}^2$）はマイナスにもなりうるのです．たとえば，$n=10$ で $s_{Y \cdot X}^2/s_Y^2 = 0.9$（したがって $r^2 = 0.1$）の場合には，$\bar{r}^2 = 1 - (9/8) \times 0.9 = -0.0125$ となります．

　以上のような自由度調整をするのは，データの数 n に比較してパラメータの数 k の多い回帰式をあてはめるときに，見かけ上決定係数が高くなって回帰の説明力についての判断を誤らせることがないようにするためです．たとえば，2個しかないデータ（$n=2$）に直線回帰（$k=2$）をあてはめれば必ずピタ

リとあてはまりますから r^2 は 1 になってしまいますが, これ
は決して回帰の説明力が 100% であることを意味しないので
す. この場合残差の自由度は 0 であり, 決定係数の値をうんぬ
んすることが本来無意味なのです.

§38 計 算 例

　以上, 独立変数が一つの場合について回帰の推測統計理論の
基礎的知識を説明しました. 独立変数が 2 個以上の重回帰の場
合も, 計算が複雑になるだけで基本的なことがらは同じですか
ら, 本書では説明を省略します. 計算については, 現在ではコ
ンピュータのプログラムが整備されていますので, ほとんど気
にすることはないでしょう. そこで以上の説明の計算例を次に
示すことにしましょう.

　いま表 7-1 のデータが (8-2) のモデルの母集団からとられた
10 個の標本であるとします. α および β の推定値 a および b
は最小二乗法によって 0.961 および 0.8013 と計算されていま
す. まず (8-22) に (7-39) の計算式を用いて σ^2 の不偏推定値
$\hat{\sigma}^2$ を求めると

$$\hat{\sigma}^2 = \frac{1}{10-2}\{6604-(0.961\times250+0.8013\times7867)\}$$
$$=7.4904 \tag{8-42}$$

となります. これを (8-18) および (8-16) において σ^2 の代わ
りに用いて a および b の分散の推定値 $\hat{\sigma}_a{}^2$ および $\hat{\sigma}_b{}^2$ を求めま
す.

$$s_X{}^2 = \frac{1}{10}\sum X_i{}^2 - \bar{X}^2 = 945.8-900 = 45.8 \tag{8-43}$$

ですから

$$\hat{\sigma}_a{}^2 = \frac{9458}{10^2\times45.8}\times7.4904 = 15.4682 \tag{8-44}$$

$$\hat{\sigma}_b{}^2 = \frac{1}{10\times45.8}\times7.4904 = 0.01635 \tag{8-45}$$

したがって

$$\hat{\sigma}_a = \sqrt{15.4682} = 3.9330 \qquad (8\text{-}46)$$

$$\hat{\sigma}_b = \sqrt{0.01635} = 0.1279 \qquad (8\text{-}47)$$

です.

そこで, たとえば信頼係数 95% で β の信頼区間を求めてみましょう. (8-28) から

$$t_b = \frac{b - \beta}{\hat{\sigma}_b} = \frac{0.8013 - \beta}{0.1279} \qquad (8\text{-}48)$$

は自由度 $10 - 2 = 8$ の t 分布（t 分布表は『基本統計学』有斐閣, 2022 年などを参照）をしますから,

$$P_r \left\{ -2.306 < \frac{0.8013 - \beta}{0.1279} < 2.306 \right\} = 0.95 \qquad (8\text{-}49)$$

となります. したがって

$$P_r \{ 0.8013 - 2.306 \times 0.1279 < \beta < 0.8013$$
$$+ 2.306 \times 0.1279 \} = 0.95$$

すなわち

$$P_r \{ 0.5064 < \beta < 1.0962 \} = 0.95 \qquad (8\text{-}50)$$

という結果が得られます. β は限界消費性向ですから, 1 より大きいということは考えられませんが, 形式的には β の 95% の信頼区間は 0.5064 と 1.0962 の間ということになります.

次に, β についての検定を考えてみましょう. いま仮説として, $\beta = 0$, すなわち, 消費支出は収入によって影響を受けない（収入と関係ない）という仮説を考えてみます. もし, この仮説が真であるとすれば, (8-48) において $\beta = 0$ としたもの, すなわち t 値を計算しますと,

$$t_{b0} = \frac{b}{\hat{\sigma}_b} = \frac{0.8013}{0.1279} = 6.2651 \qquad (8\text{-}51)$$

となりますが, これは自由度 8 の t 分布に従うはずです. いま, この t_{b0} の値として 6.265 が得られたわけですが, 自由度 8 の t 分布でこのような大きな値が得られるチャンスは非常に小さい（t 分布表から 5.041 より大きな値が得られるチャンス

が 0.05％，したがって 0.05％以下）ことがわかります．したがって仮説は棄却されます．すなわち $\beta=0$ が正しいとは考えることができません．いいかえると，消費支出の大きさは確かに収入に関係があるといえます．

　最後に自由度調整をした決定係数および相関係数を求めましょう．(8-42) により $\hat{\sigma}^2=7.4904$ であり，

$$\hat{\sigma}_Y{}^2=\frac{10}{9}\left(\frac{1}{10}\sum Y_i{}^2-\bar{Y}^2\right)=\frac{10}{9}\left(\frac{6604}{10}-25^2\right)$$
$$=39.3333 \tag{8-52}$$

ですから，(8-38) により

$$\bar{r}^2=1-\frac{7.4904}{39.3333}=0.8096 \tag{8-53}$$

$$\bar{r}=\sqrt{0.8096}=0.8998 \tag{8-54}$$

が得られます．これらはそれぞれ (7-42) の r^2 および (7-43) の r の値，0.831 および 0.912 よりすこし小さくなっています．

§39　計測結果の表示

　これまでに説明してきたような計算の結果，得られた情報はある一定のかたちで表示されます．以下にそれを例示しましょう．§16 で紹介した消費関数 (4-31)（昭和 52 年経済白書）は次のように表示されています．

$$\frac{C}{Y}=35.343+0.649\frac{Y_P}{Y}-0.048X \tag{8-55}$$
$$\qquad\quad (2.84)\quad (4.28)\qquad (-4.03)$$
$$\bar{R}=0.940,\quad \hat{\sigma}=0.823,\quad d=1.97,\quad n=13 \text{（年）}$$

ここで各係数の推定値の下のカッコ内の値は t 値です．データ数 $n=13$ ですから，自由度は $13-3=10$ であり，t 分布表で調べると三つの係数の推定値はすべて 1％の有意水準で有意です（t の限界値は 2.764）．すなわち，どの係数についてもその真の値が 0 であるという仮説は 1％の有意水準で棄却されます．したがって，確かに恒常所得比率 Y_P/Y が上昇すれば

消費性向は上昇すること，消費者不快指数Xが上昇すれば消費性向は低下することが実証されているといえます．自由度調整ずみの重相関係数は 0.94 ですから，あてはまりは良好といえるでしょう．$\hat{\sigma}$ は 0.823（％）です．なお d は §44 で説明するダービン・ワトソン比率で，DW と表示されることが多いものです．この値は 2 に近いので，あてはめの残差に系列相関はないと考えてもよいでしょう（§44 の説明を参照）．n は表示されないことも多いのですが，正しくははっきりと表示すべきです．

次に §16 で紹介したもう一つの消費関数（4-32）（昭和 56 年度経済白書）の計測結果は次のように表示されています．

$$C = 2175.016 + 0.1483\,Y_d + 0.2132\,ye \cdot Y_d$$
$$\quad\; (1.95) \qquad (0.82) \qquad (1.26)$$
$$+ 0.3902\,C_{-1} + 0.0234\,K_{-1} \qquad\qquad (8\text{-}56)$$
$$\quad\;\; (3.19) \qquad\quad (0.93)$$

$$\bar{R}^2 = 0.990, \quad \hat{\sigma} = 77.941, \quad d = 2.05, \quad n = 9 \;(\text{年})$$

データ数 n が 9 で，パラメータが 5 個ですから，自由度は僅かに 4 ですが，それにしては自由度調整ずみの決定係数 $\bar{R}^2$ が 0.99 ときわめて高いのがちょっと不思議です．係数の推定値は t 値で見て一つが有意水準 5 ％で有意であるだけで，他は有意ではありません．すなわち前年の消費 C_{-1} の係数のみが真の値が 0 でないと有意水準 5 ％でいえるだけです．したがって，消費の動きを所得要因 Y_d，期待要因 $ye \cdot Y_d$，慣習要因 C_{-1}，および流動資産要因 K_{-1} と結びつけている経済白書の説明は，この計測結果から見るかぎり十分に説得的とはいえないわけです．この計測結果の不満足なのは，おそらく重共線性の存在によるところが大きいと思われます（§46 を参照）．

最後に，§17 に紹介した設備投資関数（4-46）（昭和 54 年度経済白書）は次のような計測結果です．

$$I_t = 234.5548 + 0.1259\,Y_t - 0.1171\,K_{t-1}$$
$$\quad\;\; (0.17) \qquad (1.69) \qquad (-3.69)$$

$$+0.7588 I_{t-1}+0.124 IL_t \qquad\qquad (8\text{-}57)$$
$$(4.78)\qquad\quad (2.55)$$

$R=0.992,\ \hat{\sigma}=459.1639$（10 億円），$d=1.11,$

$n=52$（四半期）

この結果を見ると，設備投資関数としてはきわめてあてはまりが良いこと（$R=0.992$）がまず注目されます．各変数の係数は，Yの係数を除いてすべて 1 ％水準で有意であり，Yの係数も 5 ％水準で有意です．したがって，設備投資に対する総需要 Y のプラスの影響，資本ストック K_{-1} のマイナスの影響，前期の設備投資 I_{-1} のプラスの影響，および法人企業部門現預金残高 L のプラスの影響がいずれも確認されているといえましょう．なお，d の値は残差にプラスの系列相関があることを示しています．

§40　最小二乗法と最尤法の関係

これまでは最小二乗法という推定方法について説明してきましたが，§23 でも述べたように，推定法には他に最尤法という方法もあります．しかしこれらの二つの方法の間には次のような関係があります．

いま，回帰モデル (8-1) の攪乱項 u の分布を正規分布 $N(0, \sigma^2)$ とし，Y と X について n 組の独立なデータ (Y_i, X_i)，$i=1, 2, \cdots\cdots, n$ が得られたとします．これらのデータについては

$$Y_i=\alpha+\beta X_i+u_i \qquad i=1, \cdots\cdots, n \qquad (8\text{-}58)$$

が成り立っているわけですから

$$u_i=Y_i-\alpha-\beta X_i \qquad i=1, \cdots\cdots, n \qquad (8\text{-}59)$$

となります．この n 個の u_i はすべて同じ正規分布 $N(0, \sigma^2)$ について得られた標本ですから，u_i という値が得られる確率密度は，89 ページの (6-36) 式で $x=u_i$，$\mu=0$ として

$$f(u_i)=\frac{1}{\sqrt{2\pi}\,\sigma}\exp\left(-\frac{u_i{}^2}{2\sigma^2}\right)$$

$$= \frac{1}{\sqrt{2\pi}\,\sigma} \exp\left\{ -\frac{(Y_i - \alpha - \beta X_i)^2}{2\sigma^2} \right\} \quad i = 1, \cdots, n$$

$$(8\text{-}60)$$

と表わされます. ところで, この n 個の u_i はすべて互いに独立と仮定されていますから, これらの n 個の u_i が同時に（すなわち一組として）得られたということの確率密度 $g(u_i, u_2, \cdots\cdots, u_n)$〔同時確率密度〕はそれぞれの u_i の確率密度の積になります. すなわち

$$g(u_1, u_2, \cdots, u_n) = \frac{1}{\sqrt{2\pi}\,\sigma} \exp\left(-\frac{u_1{}^2}{2\sigma^2} \right) \frac{1}{\sqrt{2\pi}\,\sigma} \exp\left(-\frac{u_2{}^2}{2\sigma^2} \right) \cdots$$

$$\cdots \frac{1}{\sqrt{2\pi}\,\sigma} \exp\left(-\frac{u_n{}^2}{2\sigma^2} \right) = \left(\frac{1}{\sqrt{2\pi}\,\sigma} \right)^n \prod_{i=1}^{n} \exp\left(-\frac{u_i{}^2}{2\sigma^2} \right)^{*}$$

$$= \left(\frac{1}{\sqrt{2\pi}\,\sigma} \right)^n \exp\left(-\frac{1}{2\sigma^2} \sum_{i=1}^{n} u_i{}^2 \right)$$

$$= \left(\frac{1}{\sqrt{2\pi}\,\sigma} \right)^n \exp\left\{ -\frac{1}{2\sigma^2} \sum_{i=1}^{n} (Y_i - \alpha - \beta X_i)^2 \right\} \quad (8\text{-}61)$$

となります.

　ここで, この (8-61) を n 個の観測値 (Y_i, X_i) が与えられたものとして未知のパラメータ α, β および σ^2 の関数と考えるとき, それを**尤度関数**と呼ぶことは§23で説明しました. この尤度関数を $L(\alpha, \beta, \sigma^2)$ と書くとき, その値を最大にするような α, β および σ^2 を求めれば, それがこれらのパラメータの**最尤推定値**です. ところで, (8-61) をよく見ると, α と β に関する限り (8-61) を最大にすることは, e の冪指数を最大にすることに等しく, それは結局

$$\sum_{i=1}^{n} (Y_i - \alpha - \beta X_i)^2 \tag{8-62}$$

を最小にすることと同じであることがわかります.

＊　$\displaystyle\prod_{i=1}^{n} a_i = a_1 \times a_2 \times \cdots \times a_n$ で, $\prod$ は加算のときの $\sum$ に対応する乗算の記号です.

　以上から次のことがわかったことになります．すなわち，回帰モデル (8-58) の攪乱項 u_i の分布が正規分布 $N(0, \sigma^2)$ で，かつ u_i がお互いに独立であれば，そのパラメータ α および β の最尤推定値は最小二乗法による推定値と一致します．これは最小二乗法と最尤法との間の重要な関係です．

　なお，σ^2 の最尤推定値を求めますと，$\partial L/\partial \sigma^2 = 0$ を解いて，α および β に a および b を代入して

$$\tilde{\sigma}^2 = \frac{1}{n} \sum_{i=1}^{N} (Y_i - a - b X_i)^2 \qquad (8\text{-}63)$$

が得られますが，これは (8-22) の $\hat{\sigma}^2$ と同じではなく，σ^2 の不偏推定値ではありません．

9 非標準的回帰モデルの問題

§41 標準的回帰モデルにおける攪乱項の規定

最小二乗法による回帰分析の方法は，統計的方法を応用する他の分野と同じように，計量経済学でも最もよく用いられる方法ですが，それが完全にその威力を発揮するためにはいろいろと前提条件が必要です．そのような前提条件がすべて満たされている場合を標準的な場合といいます．しかし，計量経済学がとり扱う経済現象や経済データについては，そのような前提条件が満たされていない場合，すなわち非標準的な場合が多いのです．実際，計量経済学の発展の一つの大きな流れは，最小二乗法の前提条件がいろいろなかたちでくずれているときに，どのような問題が発生するか，そして，それをどのように解決したらよいかということを中心としてきたといえるのです．

そこで以下では，最小二乗法による回帰分析の計量経済モデルへの適用において非標準的なケースに直面した場合に生じるいろいろな問題を考えましょう．問題は大きく，単一方程式モデルの場合と連立方程式モデルの場合とに分けて考えるのが便利ですので，まず本章では単一方程式モデルの場合について考え，11章で連立方程式モデルの場合を考えます．

いま，次のような最も簡単な線形回帰モデルを考えてみましょう．

$$Y = \alpha + \beta X + u \tag{9-1}$$

これは，ある変数 Y が一つの独立変数 X の一次式に，攪乱項 u を加えたかたちで決定されることを表わしています．これをモデルの構造に関する規定と呼ぶことができます．

(9-1) を最小二乗法で計測するためには，上のような構造に関する規定だけでは十分ではなく，それに加えて攪乱項 u の確

率的性質についての規定が必要です．これを，モデルの確率的
規定と呼ぶことができるでしょう．この確率的規定については
§33で述べましたが，それをいま整理してみましょう．

　一般に，変数 Y, X についての観測値に基づいて (9-1) を
計測するわけですが，いまこれらの変数について n 組の観測値

$$(Y_1, X_1), (Y_2, X_2), \cdots\cdots, (Y_n, X_n) \qquad (9\text{-}2)$$

が得られたとします．これを，ふつう n 個の標本といいます．
すなわち，この二つの変数についての一組の観測値を一個の標
本というわけです．

　ところで，この n 個の標本は，n 個の異なる時期について各
変数の値を観測したものである場合もあるし，また，n 個の異
なる主体についての各変数の観測値である場合もあります．前
の場合には，標本は**時系列**（time-series）**標本**と呼ばれ，そ
れを用いた分析を**時系列分析**といいます．これに対して，後の
場合には，標本は**横断面標本**または**クロス・セクション**
（cross-section）**標本**と呼ばれ，それを用いた分析は，**横断面
分析**または**クロス・セクション分析**と呼ばれます．たとえば，
(8-1) のかたちの消費関数を計測するのに，昭和45年から10
年間の各年の個人消費支出総額と可処分個人所得とのデータを
用いる場合は時系列分析であり，表7-1のように，異なる家計
のデータを用いた分析は横断面分析です．

　さて，前述の n 個の標本 (9-2) が時系列標本の場合には，そ
れを

$$(Y_t, X_t) \qquad t=1, 2, \cdots\cdots, n \qquad (9\text{-}3)$$

と書き，横断面標本の場合には

$$(Y_i, X_i) \qquad i=1, 2, \cdots\cdots, n \qquad (9\text{-}4)$$

と書くと，(9-1) は時系列標本に関しては

$$Y_t = \alpha + \beta X_t + u_t \qquad (9\text{-}5)$$

と，そして横断面標本については

$$Y_i = \alpha + \beta X_i + u_i \qquad (9\text{-}6)$$

と書くことができます．

u_t または u_i の確率的性質については，通常次のような規定がなされます.

規定1. u_t（または u_i）は実数値をとる確率変数である.

この規定については特に問題はないでしょう．u を確率変数と考えることから推測統計理論の利用が可能になることは §33 でも説明しました.

規定2. すべての t（または i）について，u_t（または u_i）の期待値（平均値）は0である．すなわちすべての t（または i）について

$$E(u_t) \text{ または } E(u_i) = 0 \tag{9-7}$$

ここで誤解のないように注意しなければならないことは，(9-7) は t（または i）の各値について成り立つと規定されていることです．これは，特定の年（または主体，個人）について u の値を決定するのに働いたいろいろな力は，他にいろいろな仕方で働く可能性があったなかからたまたま実現したもので，そのようないろいろな可能性を平均して考えると，u の値は0になることを意味しているのです．もし u の平均値が0でないとしても，それは定数項 α に含められていると考えればよいでしょう.

規定3. u_t（または u_i）の分散はすべての t（または i）について一定である．すなわちすべての t（または i）について

$$\text{var}(u_t) = \sigma^2 \text{ または } \text{var}(u_i) = \sigma^2 \tag{9-8}$$

この規定についても，規定2の場合と同じことを注意する必要があります．各 u_t（または u_i）はそれぞれ仮想的な母集団からの一つの標本と考えられ，その母集団の分散がすべての t（または i）について，同一であるというのがこの規定の内容です.

規定4. t（または i）を異にする u は互いに独立である．

これは，すべての t および $k(\neq 0)$ について

$$E(u_t u_{t-k}) = 0 \tag{9-9}$$

または，すべての i および $j(\neq i)$ について

$$E(u_i u_j) = 0 \qquad\qquad (9\text{-}10)$$

であることを意味します．これは，各時期（または各主体）について，u の値を決定するのに働く力が，他の期（または主体）について働く力と独立であるということです．

　規定5．　X は確率変数でない変数で，その値が決まったときそれに対応して確率変数 Y の平均値が決まる．あるいは X が確率変数である場合には u と独立な確率変数である．

　これは，いずれにしても，u の値を決定するのに働く力が X の大きさと無関係であるということを意味します．たとえば，X の値が大きいときには，u の値がプラスになる傾向があるとか，あるいは逆にマイナスになる傾向があるといったようなことがないということです．

　規定6．　u の分布は正規分布である．

　以上の六つの規定のうち，1と2は問題にしないとして，3，4および5が満たされている場合を標準的な回帰モデルと呼び，さらに6も満たされている場合を標準的な正規回帰モデルといいます．以下本章の目的は，上のような規定が満たされない場合に生じる問題を概観することです．そこでまず，そのための準備として，パラメータの推定値として満たすことが望ましいいくつかの基準について説明しておきましょう．

§42　パラメータの推定基準

　いま，推定しようとしている母集団のパラメータを θ（シータと読む）とし，θ の推定のために用いる統計量（標本についての観察結果から計算されるもの）を T とします．このように推定のために用いられる統計量を**推定子**（estimator）といいます．たとえば，(9-1) では，α，β および σ^2 がパラメータで，その推定のために，たとえば，最小二乗法を用いるとして，それによって計算される a および b は α および β の推定子であり，また $\hat{\sigma}^2$ は σ^2 の推定子です．

　推定子は標本から計算されるものですが，推定の方法いかん

で同じパラメータの推定子にもいくつかのものが考えられるわけです．とすれば，それらの中でどの推定子を選んだらよいかが当然問題となります．そのためにはおよそ推定子としてはどのような性質をもったものが望ましいかを考えることがよいでしょう．以下にその主なもの三つについて説明します．

1）　不偏性（unbiasedness）

θの推定のために用いられる統計量Tは，標本が違えば異なった値をとりますが，Tが平均的には真のθの値に等しい値をとることが望ましいことはいうまでもないでしょう．Tがこのような性質をもつとき，Tはθの**不偏推定子**であるといいます．これを式で表わせば

$$E(T)=\theta \tag{9-11}$$

となります．

たとえば，最小二乗法によって（9-1）のαおよびβの推定値aおよびbを求めますと，（前述の規定2および規定5が満たされていれば）それらはともに不偏推定子であることが証明できます（119〜120 ページ）．図 9-1 に(a)不偏でない場合，(b)不偏である場合を，βの推定子bについて例示しておきました．

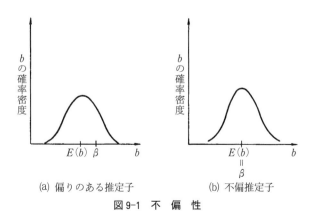

(a) 偏りのある推定子　　　(b) 不偏推定子

図 9-1　不　偏　性

2) 一致性（consistency）

統計量 T は，その計算に用いられる標本の数 n によって異なった正確さをもちますが，n が大きくなるとき T が θ の推定値として着実に改善されていくとき，T は θ の**一致推定子**であるといいます．この表現はあいまいですが，正確に表現しますと次のようになります．

δ および ε を任意に小さい二つの正の値とするとき，標本数 n を十分に大きくすれば

$$P_r(|T-\theta|<\delta)>1-\varepsilon \qquad (9\text{-}12)$$

とすることができるとき，T は θ の一致推定子であるといいます．(9-12) の意味は，どんなに小さい正の数値 δ を考えても，T の値と θ の値とのくい違いがそれよりも小さくなる確率を〔$P_r(-)$ はカッコ内のことがらの確率の意味です〕1 に十分近くする（十分確実にする）ことができるということです．このことを「T は θ に確率収束する」，または「T の確率的極限は θ である」といい，

$$\operatorname*{plim}_{n\to\infty} T = \theta \qquad (9\text{-}13)$$

と書きます．図 9-2 に一致性の概念を図解しました．

不偏性と一致性とは同じように思えるかもしれませんが，次のように違います．不偏性は標本の大きさを一定にしておいてくり返し標本をとったときのことを考えていますが，一致性は，標本の大きさをどんどん大きくしていったときのことを考えています．

一定の大きさの標本をくり返して何回もとると

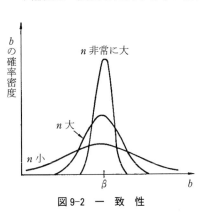

図 9-2　一　致　性

いうことも，標本の大きさを際限なく大きくするということも，どちらも実際に行われることはありません．したがって，統計量Tが不偏性や一致性をもつといっても，実際に計算して用いる推定値は，一回とった標本から計算されたものであり，また限られた数の標本によるものですから，安心はできないわけです．しかしこのような性質が，推定子の性質として望ましいものであることは明らかですし，推定値のよしあしを議論する場合にいつも問題にされるのです．

3) 推定子の分散と有効性（efficiency）

θの推定子Tがたとえ不偏であっても，その変動性が大きくてはあまり意味がありません．この変動性はTの分散

$$\sigma_T{}^2 = E[T - E(T)]^2 \qquad (9\text{-}14)$$

で表わすことができます．この$\sigma_T{}^2$は，もしTが不偏，すなわち$E(T) = \theta$ならば，推定の誤差の二乗の平均と同じものです．

推定子の有効性は，このような推定子の分散に関係するもので，いまθの二つの推定子T_1およびT_2があって，T_1がT_2よりも有効であるときには，$\sigma_{T1}{}^2 < \sigma_{T2}{}^2$，すなわち$T_1$の分散が$T_2$の分散より小さいことを意味しています．一般に推定子Tの分布は，標本が大きくなるときθを平均とする正規分布に近づく場合が多いのですが，そのような性質をもつ推定子のうちで分散がいちばん小さいものを**有効推定子**といいます．おおざっぱには，有効性は推定の精度が最もよいということである，と理解してよいでしょう．図9-3が有効性を図解したものです．

ところで，前節で述べた規定の1から5までが成立する標準的な場合には，最小二乗法で求めた回帰パラメータαおよびβの推定子aおよびbについては，まず不偏性と一致性をもつことがわかります（不偏性については前章の§34で証明ずみです）．

また，aおよびbは§34で説明したように従属変数Yの一

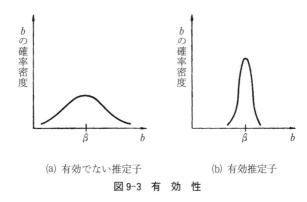

(a) 有効でない推定子 　　　　(b) 有効推定子

図9-3　有　効　性

次式（線形式）ですが，このようなものを線形推定子といい，それが不偏であることから線形不偏推定子といいます．そして最小二乗法で求めた a および b は，標準的な場合には他のどのような線形不偏推定子よりも分散が小さいことが証明されています．いいかえると，a および b は α および β の線形不偏推定子の中で分散が最も小さいものであるということです（これを**ガウス・マルコフの定理**といいます）．このことを，a は α の，そして b は β の**最良線形不偏推定子**（best linear unbiased estimator, 略して BLUE）であるといいます．

　以上のことから，最小二乗法は標準的な線形回帰モデルにおける回帰パラメータの推定方法としてきわめてすぐれた方法であるということができるわけです．なお，この BLUE という性質は独立変数 X の数が多くなった多元線形回帰モデルについての最小二乗法の場合でも成り立ちます．

§43　分散の不均一性

　いま，規定3が成立しない場合，すなわち u_t （または u_i）の分散が t （または i）によって，または独立変数 X の大きさによって変わる場合を考えてみます．このような場合を**不均一分散**（heteroskedasticity）の場合といい，これに対して，規

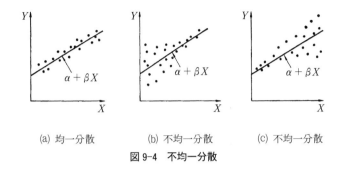

(a) 均一分散　　　　(b) 不均一分散　　　　(c) 不均一分散

図 9-4　不均一分散

定 3 が成立する場合を**均一分散**（homoskedasticity）の場合といいます．図 9-4 に不均一分散を図示しましたが，(a)の均一分散の場合に対して，(b)は X が小さいほど Y の分散が大なる場合，(c)は X が大きいほど Y の分散が大きい場合です．不均一分散の場合でも，最小二乗法によるパラメータの推定子は，不偏性および一致性をもちますが，分散が最小ではなくなります．すなわち，ふつうの最小二乗法がもっとも精度のよい推定法ではないということです．

　u の分散が不均一になる場合の理由にはいろいろのものが考えられます．たとえば，所得の大きさから消費が決定されるという消費関数で考えてみますと，

　1．所得水準が高くなると，または所得の高い人ほど，お金を大まかに使う傾向があるとすれば，σ_i^2 または σ_t^2 は独立変数である所得の値が大きくなるにしたがって大きくなります．

　2．人々は時とともに賢明になり，消費行動の誤りが少なくなるとすれば，σ_t^2 は時間 t の経過とともに小さくなるでしょう．

　3．所得が大きくなるほど測定誤差も大きくなるでしょう．そこで，σ_i^2 は所得の大きさとともに増大するでしょう．

　4．データを収集する方法が改良され，σ_t^2 は t とともに減少するでしょう．

　不均一分散の場合には，分散の大きい u に対応する観測値は，分散の小さい u に対応するものよりも割り引きして回帰の計算に用いられるべきであると考えられます．分散の大きい攪乱を含んだデータほど，回帰を求めるのに役に立つ度合いが少ないと考えられるからです．

　そこで，回帰からの偏差の二乗和を最小にする場合に，単純な二乗和でなく，u の分散の大きさに応じて割り引きした偏差の二乗和を最小にすることが考えられます．しかし，そのためには，u_t（または u_i）の分散 $\sigma_t{}^2$（または $\sigma_i{}^2$）がわかっていなければなりませんが，ふつうはそのようなことはありません．けれども，$\sigma_t{}^2$（あるいは $\sigma_i{}^2$）のおおよその値を推測することができれば，偏差 u_t（あるいは u_i）を σ_t（あるいは σ_i）で割ったものの二乗和を最小にすることによって，偏差のそのままの二乗和を最小にする場合よりは効率のよい（分散の小さい）推定値を得ることができます．このような方法を，ウェイトをつけた二乗和を最小にするという意味で，**加重最小二乗法**といいます．

§44　系列相関とダービン・ワトソン検定

　次に，規定 4 が成立しない場合について考えてみましょう．観測値が時系列標本でない場合には，これは標本設計を適当に考える（標本の独立性が保証されるようにする）ことによって解決できる問題なので，時系列標本の場合について考えることにします．そこで問題は，異なる t に対する u のあいだに相関があるということですが，このような相関を u の**系列相関**（serial correlation）または**自己相関**（auto-correlation）といいます．

　攪乱項に系列相関が生じる場合は，いろいろと考えられます．時間間隔 t が短すぎるとき，相続く観測値が一部重複した期間についてのものであるとき（たとえば，移動平均値の系列のようなとき），データの一部が補間によって求められている

ときなどです.

　たとえば消費者としての私たちの行動を考えて，１日という短い期間を考えてみると，きょう偶然的な原因から浪費をしたとすると，あすは少し慎もうということになるかもしれません．このような場合には，きょうの消費支出における攪乱 u と，あすの消費支出における攪乱 u とのあいだには相関（いまの場合負の）があることになります．このような相関は，時間間隔をたとえば１年というように長くして考えると，ほとんどなくなってしまうでしょう．けれどもどれだけ時間間隔を長くしたら系列相関がなくなるかは場合によって異なります．たとえば，東京オリンピックの前には何ヵ月間か新型テレビの売行きが正常水準以上に高水準であったために，オリンピック後の売行きが逆に異常な低水準にまで落ちてしまったというようなケースは，非耐久財の場合よりも，耐久財の場合には時間間隔を長くとっても系列相関が残るということを示しています.

　データが移動平均系列である場合，たとえば，12ヵ月移動平均系列の場合には，「１月から12月までの平均値」，「２月から翌年の１月までの平均値」，「３月から翌年の２月までの平均値」，……というようにデータが続いていますから，相続く二つのデータにおける u のあいだには共通の要素が大部分 (11/13) で，u の系列相関は非常に高いものとなります.

　また，経済時系列データには，補間によって作られるものがかなりあります．たとえば，国民経済計算や国勢調査のように大規模なセンサスの場合には，毎年行われるということがないために，調査年以外の年については補間値が用いられなければなりません．そのために，たとえば測定誤差が各年に均等に配分されたりして，系列相関を発生させることになります.

　一般に系列相関は u_t と u_{t-k} との間の相関を考えるものですが，計量経済学でふつう問題にするのは u_t と u_{t-1} の間の相関ですから，ここでもそれだけについて考えます．ここでの問題は二つで，第１に，系列相関があるかどうかをどうして調べる

かということ，第2に，系列相関があると判断される場合には
どうするかということです．

　第1の系列相関の有無を判定するためのものとして，ダービ
ン（J. Durbin）とワトソン（G. S. Watson）は次のような統計
量を考えました．

$$d = \frac{\sum_{t=2}^{n} (\hat{u}_t - \hat{u}_{t-1})^2}{\sum_{t=1}^{n} \hat{u}_t^2} \qquad (9\text{-}15)$$

ここで$\hat{u}_t$は最小二乗法であてはめられた回帰式からの残差で，
u_tの推定値と考えられます．このdが系列相関を見つけ出す
のに役立つことは，次のように考えてみればわかるでしょう．

　いま，u_tとu_{t-1}とのあいだに正の相関があるとすると，こ
れは，$\hat{u}_t$と$\hat{u}_{t-1}$とは似通った値をとる傾向があるということ
を意味しますから，$\hat{u}_t - \hat{u}_{t-1}$の絶対値は小さくなり，したがっ
てdの分子の$\sum (\hat{u}_t - \hat{u}_{t-1})^2$の値は小さくなる傾向があります．
逆に，u_tとu_{t-1}のあいだに負の相関があるとすると，同様に
考えてdの分子の値は大きくなる傾向があることになります．
図9-5の(a)は正の系列相関の場合を，(b)は負の系列相関の場合

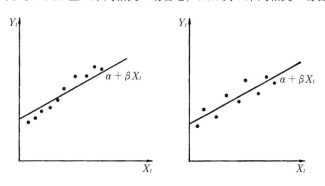

　　(a) 正の系列相関　　　　　(b) 負の系列相関

図9-5　系 列 相 関

を示しています. (a)では隣り合った二つの点について u は似通った値をとっており，これに対して，(b)では u_{t-1} と u_t で符号が逆になっており，したがってほとんどの場合 $u_t - u_{t-1}$ は絶対値が大きな値をとりますから，d の分子の値は大きくなります.

したがって，d の分母（u の分散のある一定倍の推定値）に比較して分子が小さすぎるときには，u_t と u_{t-1} のあいだには正の相関があるのではないかと考えられ，分子が大きすぎるときには，負の相関があるのではないかと考えられます.

それでは d の値はどのような大きさになるでしょうか. それを調べるために (9-15) の分子の二乗を展開してみましょう.

$$d = \frac{\sum_{t=2}^{n}(\hat{u}_t - \hat{u}_{t-1})^2}{\sum_{t=1}^{n}\hat{u}_t{}^2} = \frac{\sum_{t=2}^{n}\hat{u}_t{}^2 + \sum_{t=2}^{n}\hat{u}_{t-1}{}^2 - 2\sum_{t=2}^{n}\hat{u}_t\hat{u}_{t-1}}{\sum_{t=1}^{n}\hat{u}_t{}^2}$$

ここで分子の第 1 項は $t=2$ から n までの和ですから，分母にくらべて $\hat{u}_1{}^2$ だけ足りず，第 2 項は $t=1$ から $n-1$ までの和ですから $\left(\sum_{t=2}^{n}\hat{u}_{t-1}{}^2 = \sum_{t=1}^{n-1}\hat{u}_t{}^2\right)$，分母にくらべて $\hat{u}_n{}^2$ だけ足りませんが，データ数 n がかなり大きければ一つだけの差はほとんど無視できますから

$$\sum_{t=2}^{n}\hat{u}_t{}^2 \approx \sum_{t=2}^{n}\hat{u}_{t-1}{}^2 \approx \sum_{t=1}^{n}u_t{}^2$$

と考えることができます. ここで $\approx$ はほぼ等しいことを表わします. したがって

$$d \approx 2 - 2\frac{\sum_{t=2}^{n}\hat{u}_t\hat{u}_{t-1}}{\sum_{t=1}^{n}\hat{u}_t{}^2}$$

ここで右辺第 2 項の $\sum_{t=2}^{n}\hat{u}_t\hat{u}_{t-1} / \sum_{t=1}^{n}\hat{u}_t{}^2$ は $\hat{u}_t$ と $\hat{u}_{t-1}$ の間の相関係数を表わしています（ここでも分子と分母とでデータの数に

1 だけの差がありますが）から，それを $\hat{\rho}$ と書きますと，結局

$$d \approx 2(1-\hat{\rho}) \tag{9-16}$$

となります（ρ はギリシャ文字，ローと読みます）.

これから，

$$\hat{\rho} = +1 \quad \text{ならば} \quad d \approx 0$$
$$\hat{\rho} = 0 \quad \text{ならば} \quad d \approx 2$$
$$\hat{\rho} = -1 \quad \text{ならば} \quad d \approx 4$$

ということがわかります. したがって，ダービン・ワトソン比 d の値が 2 よりもかなり小さいときには正の系列相関が，そして 2 よりもかなり大きいときには負の系列相関があると考えられ，2 の近くの値の場合には系列相関がないと考えられます.

このような系列相関の有無を判定するための d の境界値は，d がいくつの変数を含んだ式について，いくつのデータから計算されたものであるかにより違ってきます. ダービンとワトソンは独立変数の数 k とデータ（標本）数 n とのいろいろな値に対して d の境界値を求める表をつくりました. その表を巻末（203〜204 ページ）に掲げておきましたが，その中に示された二つの値 d_L と d_U は次のように用います.

もし d が d_L より小さければ正の系列相関，$4-d_L$ より大きければ負の系列相関があると考えられます. これに対して d が d_U と $4-d_U$ の間の値であるときは系列相関はないと考えられます. そして d が d_L と d_U の間，あるいは $4-d_U$ と $4-d_L$ の間の値であるときには系列相関はあるともないともはっきりいえません. 図 9-6 は以上の判定方法を図示したものです. ここで数値例はデータ数 25，独立変数の数（定数項も含む）4 で，有意水準 5 ％の場合です.

それでは次に，もし攪乱項 u に系列相関があると判断された場合にはどうすればよいでしょうか. このとき

$$Y_t = \alpha + \beta X_t + u_t \tag{9-17}$$
$$u_t = \rho u_{t-1} + v_t \tag{9-18}$$

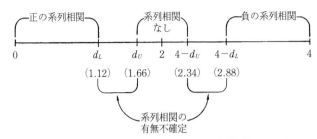

図 9-6　ダービン・ワトソン比 d による系列相関のテスト

（数値例は $n=25$, $k=4$, 有意水準 5 ％の場合）

というモデルを考えましょう．ここで v_t にはもう系列相関はないと仮定します．（9-17）を 1 期遅らせたものに ρ をかけると

$$\rho Y_{t-1}=\alpha\rho+\beta\rho X_{t-1}+\rho u_{t-1} \qquad (9\text{-}20)$$

となるから，これを（9-17）から引けば，（9-18）を使って

$$Y_t-\rho Y_{t-1}=\alpha(1-\rho)+\beta(X_t-\rho X_{t-1})+v_t \quad (9\text{-}21)$$

が得られます．したがって $X_t-\rho X_{t-1}$ に対する $Y_t-\rho Y_{t-1}$ の回帰を通常の最小二乗法で計算すればよいことになります．

しかし，実際には ρ の値は未知ですからこの回帰はすぐには計算できません．そこで ρ の予備的推定値を得る必要があります．その一つの方法は，（9-17）に通常の最小二乗法を適用して残差の推定値 $\hat{u}_t$ を計算し，それから $\hat{\rho}=\sum\hat{u}_t\hat{u}_{t-1}/\sum\hat{u}_t{}^2$ で ρ を推定するというものです．もう一つの方法は Y_{t-1}, X_t および X_{t-1} に対する Y_t の回帰方程式を推定し，Y_{t-1} の係数を ρ の推定値とするというものです．これは（9-21）を書き直して

$$Y_t=\alpha(1-\rho)+\rho Y_{t-1}+\beta X_t-\beta\rho X_{t-1}+v_t \quad (9\text{-}22)$$

が得られるからです．

もっと単純化された処理方法は**階差モデル**（difference model）の利用です．いま（9-17）を 1 期遅らせたものを（9-17）から引いて

$$Y_t-Y_{t-1}=\beta(X_t-X_{t-1})+u_t-u_{t-1}$$

すなわち

$$\Delta Y_t = \beta \Delta X_t + \Delta u_t \qquad (9\text{-}23)$$

が得られます．ここで u_t に

$$u_t = u_{t-1} + v_t \qquad (9\text{-}24)$$

という系列相関があるとします．これは (9-18) で $\rho = 1$ という特殊な場合です．このとき (9-23) は

$$\Delta Y_t = \beta \Delta X_t + v_t \qquad (9\text{-}25)$$

となりますから，この階差モデルは攪乱項が系列相関をもたないという規定を満たしていることになります．

　階差モデルを用いることによって避けることのできる系列相関は，(9-24) のように単純化されたものではありますが，実際的には，それで十分役に立つことも多いので，階差モデルのもつ他の利点[*]と合わせて，階差モデルがよく用いられる理由となっています．

　最後に一つ注意しておきたいことは，これまでの説明からも明らかでしょうが，ダービン・ワトソン比率は時系列データの分析において意味があるものであり，クロス・セクション分析では意味をもたないことが多いということです．ダービン・ワトソン比率はデータの並び方の順序にもとづいて計算されるものであり，クロス・セクション分析ではデータの並べ方の順番に意味があることはあまりないからです．しかし，計量経済学の普及のおかげで，現在多くのコンピュータの回帰計算プログラムでは，ダービン・ワトソン比率が自動的に計算されてアウトプットされるため，それが意味がない場合でも不注意により結果として印刷されたりします．たとえば経済白書のような権威あるべき出版物においてすら，国際比較のためのクロス・セクション分析にダービン・ワトソン比率を示すというミスを堂堂と（？）やっているくらいですから，くれぐれも注意すべき

---

[*]　ストック量についてのデータが利用できないときに，フロー量（ストックの増減）でモデルがつくられるときや，傾向変動の存在のために推定上問題があるときなどにすぐれています．なお 162 ページを参照．

です（たとえば昭和52年度や56年度の経済白書）.

§45　回帰の独立変数と攪乱項の相関

本章での最後の問題として，§41の規定5が成立しない場合，すなわち(9-1)の独立変数Xが攪乱項uと相関をもつ場合について考えてみましょう.

§34で計算したように，(9-6)に最小二乗法を適用して得られるbは

$$b = \beta + \sum_i c_i u_i \tag{9-26}$$

と書くことができます（119ページ (8-11) 式）. ここで

$$c_i = \frac{X_i - \bar{X}}{n s_X{}^2} \tag{9-27}$$

であり，$\sum_i c_i = 0$ ですから

$$\sum_i c_i u_i = \sum_i c_i(u_i - \bar{u}) \tag{9-28}$$

であることを注意しておきます. したがって

$$\sum_i c_i u_i = \frac{\sum_i (X_i - \bar{X})(u_i - \bar{u})}{n s_X{}^2} = \frac{s_{Xu}}{s_X{}^2}$$

$$= r_{Xu} \frac{s_u}{s_X} \tag{9-29}$$

となりますから，結局

$$b = \beta + r_{Xu} \frac{s_u}{s_X} \tag{9-30}$$

が得られます*. ここでs_uはuの標本標準偏差（標本について計算された標準偏差），s_{Xu}はXとuとの標本共分散，r_{Xu}はXとuとの標本相関係数です（ただし，uそのものは観測不可能ですから，r_{Xu}とs_uとは実際には標本から計算できません）.

---

*　$s_{Xu} = \dfrac{1}{n}\sum(X_i - \bar{X})(u_i - \bar{u})$, $r_{Xu} = \dfrac{s_{Xu}}{s_X s_u}$, したがって $s_{Xu} = r_{xu} s_X s_u$ であることを利用します.

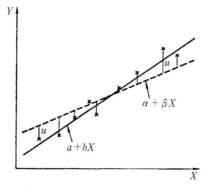

図 9-7　X と u の相関と b の偏り

(9-30) から, X と u の相関が 0 でなければ

$$E(b) \neq \beta$$

(9-31)

となります. いいかえると, 回帰の独立変数 (説明変数) X と攪乱項との間に相関があるときには, 回帰パラメータ β を最小二乗法で推定した b は偏りをもつ, ということになります.

　図 9-7 は以上のことを図示したものです. ここでは u が X とプラスの相関をもつケースを示しております. X の値が大きいところでは u はプラスになっており, X の値が小さいところでは u はマイナスになっていますが, これらの点に最もよくあてはまる直線は実線のようになり, その傾き b は真の回帰線 (点線) の傾き β よりも大きくなっています.

　このことは計量経済モデルにとって非常に重要な意義をもっています. 連立方程式モデルにおいては, 一般に内生変数は確率変数と考えられますが, 個々の方程式をとると, その中には説明変数として内生変数を含んでいるものがあり, その場合にはその方程式の攪乱項とその説明変数とが一般に無相関でなくなるために, 上に説明したような問題が生じてきます. これが単一方程式法から連立方程式法への発展のきっかけとなり, いろいろな連立方程式推定法が考案されて, 計量経済学独自の統計理論が展開されることになったのです. このことについては 11 章でとり扱います.

10 計量分析の諸問題

§46 重共線性

本章では計量分析におけるいくつかの重要な問題，あるいは分析手法について述べます．まず重共線性の問題をとりあげましょう．

多元回帰（重回帰）分析は二つ以上複数の独立変数（説明変数）が従属変数に対してもつ効果を分離して計測するための分析法ですが，ここで一つ重要でかつやっかいな問題が生じます．それは，**重共線性**（multicollinearity）というややこしい名前で呼ばれている問題で，簡単にいうと，回帰の説明変数の一部あるいは全部がお互いに非常に強い相関関係にあるために，それぞれの変数の影響を別々に分離して計測することが，不可能になったり，あるいは非常に困難になるという問題です．

この問題を考えるために，次のような説明変数が二つあるモデルを考えてみましょう．

$$y_t = \beta_1 x_{1t} + \beta_2 x_{2t} + u_t - \bar{u} \qquad t = 1, \cdots\cdots, n \quad (10\text{-}1)$$

ここで，u を除いて各変数はそれぞれの標本平均値からの偏差で表わされているとします．したがって変数は小文字で表わしており，また (10-1) には定数項が含まれていません*．すなわ

---

* いま，平均値からの偏差でなく，もとの値のままでの変数を Y, X_1, X_2 で表わし

$$Y_t = \beta_0 + \beta_1 X_{1t} + \beta_2 X_{2t} + u_t \qquad (10\text{-}2)$$

としますと，Y_t の標本平均値は

$$\bar{Y} = \beta_0 + \beta_1 \bar{X}_1 + \beta_2 \bar{X}_2 + \bar{u} \qquad (10\text{-}3)$$

ただし，$\bar{Y} = (1/n) \sum_{t=1}^{n} Y_t$; $\bar{X}_j = (1/n) \sum_{t=1}^{n} X_{jt}$, $j = 1, 2$; $\bar{u} = (1/n) \sum_{t=1}^{n} u_t$

(10-2) の両辺から (10-3) の両辺を引けば

$$Y_t - \bar{Y} = \beta_1(X_{1t} - \bar{X}_1) + \beta_2(X_{2t} - \bar{X}_2) + u_t - \bar{u} \qquad (10\text{-}4)$$

これが (10-1) です．

ち，$y=Y-\bar{Y}$，$x_1=X_1-\bar{X}_1$，$x_2=X_2-\bar{X}_2$ です．ここで最小二乗法により

$$S=\sum_{t=1}^{n}(y_t-\beta_1 x_{1t}-\beta_2 x_{2t})^2 \tag{10-5}$$

を最小にするような β_1 および β_2 の値 b_1 および b_2 を求めるために，$\partial S/\partial\beta_1=0$，$\partial S/\partial\beta_2=0$ から正規方程式をつくりますと

$$b_1\sum_t x_{1t}{}^2+b_2\sum_t x_{1t}x_{2t}=\sum_t x_{1t}y_t \tag{10-6}$$

$$b_1\sum_t x_{1t}x_{2t}+b_2\sum_t x_{2t}{}^2=\sum_t x_{2t}y_t \tag{10-7}$$

が得られます．ここで，b_2 を消去して b_1 を求めるために (10-6) に $\sum_t x_{2t}{}^2$ を掛けたものから (10-7) に $\sum_t x_{1t}x_{2t}$ を掛けたものを引くと

$$b_1[\sum_t x_{1t}{}^2\sum_t x_{2t}{}^2-(\sum_t x_{1t}x_{2t})^2]$$
$$=\sum_t x_{1t}y_t\sum_t x_{2t}{}^2-\sum_t x_{2t}y_t\sum_t x_{1t}x_{2t} \tag{10-8}$$

が得られ，b_1 を消去して b_2 を求めるために (10-6) に $\sum_t x_{1t}x_{2t}$ を掛けたものを (10-7) に $\sum_t x_{1t}{}^2$ を掛けたものから引くと

$$b_2[\sum_t x_{1t}{}^2\sum_t x_{2t}{}^2-(\sum_t x_{1t}x_{2t})^2]$$
$$=\sum_t x_{2t}y_t\sum_t x_{1t}{}^2-\sum_t x_{1t}y_t\sum_t x_{1t}x_{2t} \tag{10-9}$$

が得られます．したがって，(10-8) および (10-9) から b_1 および b_2 を求めることができますが，しかしそのためには，両式の左辺の [ ] 内が 0 でないことが必要です．それで割り算をしなければならないからです．すなわち

$$\sum_t x_{1t}{}^2\sum_t x_{2t}{}^2-(\sum_t x_{1t}x_{2t})^2\neq0 \tag{10-10}$$

でなければなりません．この (10-10) の条件が成立しないとき，または成立しない状態に非常に近い場合に，重共線関係が存在するといいます．以下二つの場合に分けて考えてみましょう．

場合 1　重共線関係が完全であるとき

いますべての t について x_{1t} と x_{2t} のあいだに

$$x_{1t} = k_1 x_{2t} \qquad (10\text{-}11)$$

という関係があるとしますと*，これを (10-10) に代入して

$$\sum_t (k_1 x_{2t})^2 \sum x_{2t}^2 - (\sum_t k_1 x_{2t}^2)^2 = 0 \qquad (10\text{-}13)$$

となりますから，b_1 および b_2 は求めることができません．このように (10-11) すなわち x_1 と x_2 とのあいだに一次式が完全に正確に成り立っているとき，完全な重共線関係があるといいます．このときには，y に対する x_1 と x_2 の影響を分離することは全くできないことになります．

このことを幾何学的に表現すると次のようになります（図 10-1 を参照）．n 個の標本 (y_t, x_{1t}, x_{2t})，　　$t=1$, ……, n は三次元空間における n 個の点と考えることができますが，(10-1) $(u_t - \bar{u}$ を除いたもの) はその三次元空間のなかの一つの平面を表わしますから，最小二乗法の計算は，それらの n 個の点の最も近くを通るような平面を見つけること

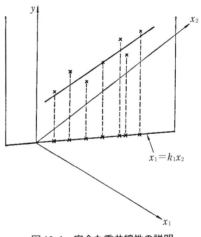

図 10-1　完全な重共線性の説明

---

* これを平均値から偏差でなく，もとの変数についての関係に書き直すと
$$X_{1t} - \bar{X}_1 = k_1 (X_{2t} - \bar{X}_2)$$
ですから
$$X_{1t} = k_0 + k_1 X_{2t} \qquad (10\text{-}12)$$
という一次式の関係になります．ただし $k_0 = \bar{X}_1 - k_1 \bar{X}_2$

と同じです．ところが，(10-11) が正確に成り立つということは，n 個の点は (x_1, x_2) 平面上に投影すると，その上では完全に一直線上にあることを意味します．したがって，すべての点は (x_1, x_2) 平面上で直線 (10-11) の上に y 軸の方向に立つ平面上にあることになり，その平面上で y 軸の方向に測った偏差の二乗和を最小にするような一本の直線があることになります．しかし，その直線を含むような平面はいくらでもありますから，結局，(10-5) の S を最小にするような平面は無数にあるわけです．これが b_1 と b_2 とを決定できないことの幾何学的な意味です．

このような重共線関係を日常の用語で説明すると，いま一つの結果に A，B 二つの原因が作用しているときに，原因どうしがある正確な関係を保ちながら変動しているとすると，結果の変動をすべて A に帰因するとしても，すべて B に帰因するとしても，またはある任意の割合が A に帰因し，残りが B に帰因すると考えても，どうでもよいということです．つまり A，B のそれぞれの影響度合いを分離して測ることはできないのです．

説明変数が三つ以上の場合でも，同じように重共線関係の問題を考えることができますが，この場合に注意しなければならないことは，説明変数を二つずつ考えてどの組み合わせについても一次式が成立しなくても，三つ以上の説明変数のあいだに一次式が成立する場合があることで，この場合にも重共線関係が存在するわけです．

場合 2　不完全な重共線関係

実際には完全な重共線関係が存在する場合はまず皆無で，(10-11) が正確にではないが近似的に成り立っている場合，すなわち (10-10) の左辺が 0 に非常に近い値をとる場合が現実的な重共線性の問題であるといってもよいでしょう．

この場合には，とにもかくにも (10-10) が成り立っているわけですから，(10-8) と (10-9) から b_1 と b_2 を求めることができます．いま，b_1 および b_2 の分散を求めてみると

$$\mathrm{var}\,(b_1) = \frac{\sigma^2}{\sum x_{1\cdot 2}{}^2} \qquad\qquad (10\text{-}14)$$

$$\mathrm{var}\,(b_2) = \frac{\sigma^2}{\sum x_{2\cdot 1}{}^2} \qquad\qquad (10\text{-}15)$$

となります．ただし，$x_{1\cdot 2}$ は x_2 に対する x_1 の単純回帰の残差，すなわち，$x_{1\cdot 2}=x_1-b_{12}x_2$ で，$x_{2\cdot 1}$ は x_1 に対する x_2 の単純回帰の残差，すなわち，$x_{2\cdot 1}=x_2-b_{21}x_1$ です*．

　ところで，いまの場合，(10-11) が近似的に成り立っているということは x_1 と x_2 との間の相関が非常に高いということですから，$x_{1\cdot 2}$ も $x_{2\cdot 1}$ もともにすべて 0 に近く，したがって b_1 の分散も b_2 の分散もともに分母が非常に小さいということです．そして x_1 と x_2 の相関が高くなればなるほどそれらの分母は 0 に近くなります．したがって，重共線性が強くなるということは回帰パラメータの推定値の分散を大きくする，いいかえると推定値の信頼性を低くするという結果になります．

　以上のような重共線性の問題は，基本的には標本が個々のパラメータを正確に推定できるだけの十分な情報を含んでいないことに原因があります．

　このことを次のような例で考えてみましょう．ある銀行で，支店別の預金量（y）をそれぞれの支店のある地域の経済活動水準（x_1）と行員の数で測った支店の規模（x_2）とで説明するために多元回帰を用いようとしました．このとき重共線性の危険が生じるのです．x_1 と x_2 の間には当然かなり強い相関関係が予想されます．大体において経済活動の高水準の地域には大きな支店がおかれているでしょうし，経済活動が低水準の地域には小さな支店しかおかないでしょう．したがって x_1 と x_2 については図 10-2 のようなデータが得られるでしょう．そこで預金量の多い支店は経済活動の高水準の地域にあるとともに規模も大きな支店であるという傾向があって，預金量が多いのは

---

*　この証明は 120〜122 ページの計算のように，b_1 および b_2 がともに y の一次式であることを注意して行うことができます．

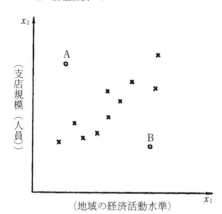

図10-2　不完全な重共線性の説明

経済活動水準が高いところに立地しているためか，支店が大きいためか，二つの効果を明確に分離することができないということになるのです．

この困難は図10-2でもしAおよびBの○印のようなデータが利用できれば解消されます．それらは，経済活動が低水準であるけれども大きな支店，および経済活動が高水準であるけれども小さな支店のデータです．その場合には，ほぼ同じ支店規模で経済活動水準が大きく異なるような支店間の比較，同じ経済活動水準で規模が大きく異なるような支店間の比較が可能になり，両要因の効果がはっきりと分離できます．しかし現実にはA，Bのような支店はほとんど存在せず（そのような支店をおくことは他の事情がない限り合理的でないからです），したがって x_1 と x_2 の相関は強いのです．

　以上のように重共線性の問題は基本的にはモデルの要求する情報とサンプルが提供する情報との間のギャップの問題です．この場合に生じる現象は決定係数 R^2 が高いのにもかかわらず係数推定値の t 値が低いという現象です．いいかえると，説明変数全体としては被説明変数に影響を与えていることは明確であるが，個々の説明変数の影響を分離して求めることができないということです．さらに，重共線性が存在する場合には，ある説明変数の係数推定値が他の説明変数をモデルに含めるか含めないかによって大きく変ってしまうこと，また新しいデータの追加によっても大きく変化する可能性があるのです．

　問題をこのように考えると，重共線性に対処するには次の三つのアプローチがあることが示唆されます．

　第1は，モデルの特定化はそのままで推定ができるように追加的データを補うというアプローチです．経済現象については通常は実験はできませんから，別の方法でデータを増やすことになります．たとえば時系列分析で期間を長くとるとか，国別クロス・セクション分析で国の数をふやすといった具合です．しかしそうすると，そのモデルがあてはまらないような時期あるいは国のデータを追加しなければならなくなったりします．したがって問題は，追加データが重共線性の回避にどれだけ役立つかということと，モデル構造の異なるデータを含めなければならないということとの間でのバランスをうまくとるということになります．

　標本を補うもう一つの方法は，推定すべきパラメータの一部について他の標本あるいは方法で求めた推定値を用いることです．いま，かりに一方のパラメータの値について他の独立なデータから推定値が得られたとすると，それを使って他方のパラメータの推定値を得ることができます．たとえば，β_2について何か別のデータから推定値$\hat{\beta}_2$が得られたとすると

$$S' = \sum_t (y_t - \beta_1 x_{1t} - \hat{\beta}_2 x_{2t})^2 \qquad (10\text{-}16)$$

をβ_1について最小にすることを考えて，$dS'/d\beta_1 = 0$から

$$b_1 \sum_t x_{1t}^2 = \sum_t x_{1t} y_t - \hat{\beta}_2 \sum_t x_{1t} x_{2t} \qquad (10\text{-}17)$$

という正規方程式が得られますから

$$b_1 = \frac{\sum_t x_{1t} y_t - \hat{\beta}_2 \sum_t x_{1t} x_{2t}}{\sum_t x_{1t}^2} \qquad (10\text{-}18)$$

とβ_1の推定値が求められます．この方法は，（10-1）において$\beta_2 = \hat{\beta}_2$という条件をおいて最小二乗法を適用したことになりますから，**条件つき最小二乗法**（conditional least squares method）または**条件つき回帰分析**（conditional regression analysis）と呼ばれることがあります.

　たとえば需要分析で，時系列データから所得と価格が需要に
与える影響を同時に計測しようとするときなどに，よく重共線
性の困難にぶつかります.　このようなときに，クロス・セク
ション・データである家計調査データから需要に対する所得の
影響を測定し，その後で時系列データに前述の条件つき回帰の
方法を適用して価格の影響を計測するということがよく行われ
ています.　これが時系列データとクロス・セクション・データ
の結合（プーリング）利用といわれているものですが，モデル
の規定や結果の解釈に問題が残るとはいえ，重共線性の困難を
回避する一つの有力な方法といえるでしょう.

　重共線性に対処する第2のアプローチは，データにあわせて
モデルを切りつめること，すなわち説明変数のどれかを落とし
たり，あるいはいくつかの変数を一つにまとめてしまうことで
す.　たとえば金融市場のモデルで，長短いくつかの利子率を別
別の変数としないで平均してまとめるというようなことです.
このアプローチで難しいのはどの変数を落としたりまとめたり
するかということです.　この場合，説明変数間の単純相関係数
や，説明変数と被説明変数の間の（単純あるいは偏）相関係数
を吟味することがある程度役立ちます.　たとえば二つの説明変
数間の単純相関係数が高い場合にはそのうちの一つを落とすこ
とがよいと考えられます.　いずれにせよ，変数間の単純相関係
数は常に情報として明示することが望ましいのです.

　重共線性の問題は，とくに時系列分析の場合に，あらゆる変
数が圧倒的に強い傾向変動を示しているような場合，説明変数
のあいだに強い相関が生じて，分析者を悩ませることが多いの
ですが，この場合に考えられる一つの方法は階差モデルを用い
ることです.　もし傾向変動がほぼ直線的なものであれば，第1
階差をとることにより傾向変動は除けますから，すべての変数
の第1階差の間で回帰を計算することにすれば，傾向変動に起
因する重共線性の問題は回避できます.

　第3のアプローチは，データもモデルも変えることなく，重共線性を現実としてそのまま受け入れることです．どうしても適切なデータが追加できないかも知れませんし，その場合でもモデルを変更すると重大な特定化の誤りを犯さなければならないかも知れません．その場合には重共線性の存在をそのままで容認しなければならないでしょう．

　以上のような三つのアプローチのどれをとるかは問題に応じて，また分析の目的によって決められるべきことです．たとえば，もし予測が主たる目的であれば，説明変数間の相関は，それが将来も続くと十分期待できさえすれば，重大な問題と考えなくともよいことがあります．諸変数間の相関の構造が予測期間に大きく変らなければ，予測としては良いものが得られるでしょう．重共線性は個々の説明変数の影響を分離して計測しなければならないときにだけ問題となる性質のものだからです．しかし分析の目的が構造分析にあれば，重共線性は重大な問題となるでしょう．

§47　ダミー変数

　§7で季節変動を表わすのにダミー変数が用いられることを説明しましたが，回帰分析にダミー変数を使うことは，最近の計量経済学的研究では非常によく見かけられます．ダミー変数は，何らかの特殊理由による関係式の一時的なシフトを表わすのによく用いられます．たとえば戦時と平和時とのあいだでの関数のシフト，政府の政策の大きな方向転換によるシフトなどです．ダミー変数は，定性的な変数の効果を表わすのにもよく用いられます．たとえば職業や性，地域による差などです．

　例として，簡単な線形消費関数の場合の戦時と平和時のあいだでのシフトについて考えましょう．一般に，戦時には消費は抑制されますから，同じ所得水準でも消費水準は平和時より低いと考えられます．これを戦時には消費関数が下方にシフトすると考えると（図10-3を参照）

$$C = \alpha_1 + \beta Y + u \quad \text{戦　時} \qquad\qquad (10\text{-}19)$$
$$C = \alpha_2 + \beta Y + u \quad \text{平和時} \qquad\qquad (10\text{-}20)$$

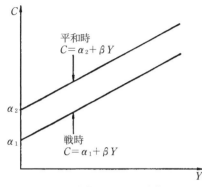

図 10-3　戦時と平和時の消費関数

とするとき，$\alpha_1 < \alpha_2$であると考えられます．ここで$C =$消費，$Y =$所得です．いま，限界消費性向βは戦時でも平和時でも同じであると考えておきます．

ここで，戦時のデータに (10-19) を，平和時のデータに (10-20) をあてはめて計算することがすぐ考えられますが，βは両方の式で同じですから，もっと効率のよい方法は両方の期間のデータをいっしょに扱ってβを推定することです．そのために，ダミー変数を使って (10-19) と (10-20) をまとめて次のような一つの方程式にします．

$$C = \alpha_1 X_1 + \alpha_2 X_2 + \beta Y + u \qquad\qquad (10\text{-}21)$$

ここで，ダミー変数X_1とX_2は

$$X_1 = \begin{cases} 1 & \text{戦時の年の場合} \\ 0 & \text{平和時の年の場合} \end{cases} \qquad (10\text{-}22)$$

$$X_2 = \begin{cases} 0 & \text{戦時の年の場合} \\ 1 & \text{平和時の年の場合} \end{cases} \qquad (10\text{-}23)$$

と定義されます．

しかし，(10-21) は定数項を含まない回帰方程式になり，ふつうの計算方法，たとえば，コンピュータのふつうのプログラムでは支障をきたしますので，次のようにダミー変数は一つにしてモデルをつくります．

$$C = \gamma_1 + \gamma_2 X_2 + \beta Y + u \qquad\qquad (10\text{-}24)$$

ここで，X_2 は (10-23) の定義のとおりです．そうすると戦時の消費関数は

$$C = \gamma_1 + \beta Y + u \qquad (10\text{-}25)$$

となり，平和時の消費関数は

$$C = (\gamma_1 + \gamma_2) + \beta Y + u \qquad (10\text{-}26)$$

となりますから，$\gamma_1 = \alpha_1$，$\gamma_1 + \gamma_2 = \alpha_2$ となっているわけです．

次に，限界消費性向 β も戦時と平和時とで違う場合はどうしたらよいか，という疑問が当然生まれるでしょう．このときにもやはり，ダミー変数を使って次のように処理できます．

$$C = \gamma_1 + \gamma_2 X_2 + \beta_1 Y + \beta_2 X_2 Y + u \qquad (10\text{-}27)$$

これによると，戦時の消費関数は

$$C = \gamma_1 + \beta_1 Y + u \qquad (10\text{-}28)$$

となり，平和時の消費関数は

$$C = (\gamma_1 + \gamma_2) + (\beta_1 + \beta_2) Y + u \qquad (10\text{-}29)$$

と区別されることになります．しかし，このときには戦時と平和時とで，データを分けて別々に計算をするのと結果は同じになります．

ダミー変数は，上のように二つのものの分類だけでなく，三つ以上の範疇への定性的分類の効果を表わすためにも用いられます．一般に k 個の範疇への分類は $(k-1)$ 個のダミー変数を用いれば可能です．§7 で説明したように，四つの季節のあいだでの関係式のシフトは，三つのダミー変数を使って表わせます．

いま，ある商品に対する支出 E が，所得 Y のほかに職業と学歴によって異なる場合を考えてみましょう．職業の分類を農林漁業，自営業主，サラリーマン，会社経営者，自由業の五つとし，学歴を中学校卒，高校卒，大学卒の三つとすると，たとえば，定数項のみが異なるとすると次のような回帰モデルを考えることができます．

$$E = \alpha_0 + \alpha_1 X_1 + \alpha_2 X_2 + \alpha_3 X_3 + \alpha_4 X_4$$
$$+ \gamma_1 Z_1 + \gamma_2 Z_2 + \beta Y + u \qquad (10\text{-}30)$$

ここで $X_1, \cdots\cdots, X_4$ および Z_1, Z_2 はダミー変数で

$$X_1 = \begin{cases} 1 & \text{自営業主の場合} \\ 0 & \text{それ以外の場合} \end{cases} \tag{10-31}$$

$$X_2 = \begin{cases} 1 & \text{サラリーマンの場合} \\ 0 & \text{それ以外の場合} \end{cases} \tag{10-32}$$

$$X_3 = \begin{cases} 1 & \text{会社経営者の場合} \\ 0 & \text{それ以外の場合} \end{cases} \tag{10-33}$$

$$X_4 = \begin{cases} 1 & \text{自由業の場合} \\ 0 & \text{それ以外の場合} \end{cases} \tag{10-34}$$

$$Z_1 = \begin{cases} 1 & \text{高校卒の場合} \\ 0 & \text{それ以外の場合} \end{cases} \tag{10-35}$$

$$Z_2 = \begin{cases} 1 & \text{大学卒の場合} \\ 0 & \text{それ以外の場合} \end{cases} \tag{10-36}$$

と定義されます．したがって，たとえば，サラリーマンで大学卒の場合には，(10-30) は

$$E = \alpha_0 + \alpha_2 + \gamma_2 + \beta Y + u \tag{10-37}$$

となります．

　ダミー変数は，また従属変数として用いられることもあります．たとえば

$$Z = \begin{cases} 1 & \text{自家用乗用車を持っている場合} \\ 0 & \text{自家用乗用車を持っていない場合} \end{cases} \tag{10-38}$$

とし，所得 Y などを説明変数として

$$Z = \alpha + \beta Y + \cdots\cdots \tag{10-39}$$

という回帰モデルを計算することも考えられます．

　ダミー変数を上手に使うことは計量モデルによる分析の一つの重要なポイントです．

§48　定性的選択モデル

　前節の最後に，従属変数がダミー変数的に 1 か 0 のいずれかの値をとるようなケースに触れました．たとえば自動車を買うか否かが所得によって異なるような場合です．このような場

合，一般的に

$$Y_i = \alpha + \beta X_i + u_i \qquad i = 1, 2, \cdots\cdots, n \qquad (10\text{-}40)$$

を考え，

$X_i = $ 第 i 番目の標本（たとえば人）の属性（たとえば所得）の値

$$Y_i = \begin{cases} 1 & \text{ある選択（たとえば車を買う）がなされるとき} \\ 0 & \text{その選択がなされないとき} \end{cases}$$

$u_i = $ 独立な平均 0 の確率変数

とします．これを**線形確率モデル**といいます．それは，（10-40）が属性の値 X をもった人がある選択をする確率 P を表わしているとも解釈できるからです．それは $E(u_i) = 0$ ですから

$$E(Y_i) = \alpha + \beta X_i \qquad (10\text{-}41)$$

であり，Y_i が 1 をとる確率を P_i，0 をとる確率を $1 - P_i$ とすれば，$E(Y_i) = 1 \times P_i + 0 \times (1 - P_i) = P_i$ だからです．しかし（10-40）の Y の値は計算上 1 をこえたり，あるいはマイナスになったりする可能性がありますから，しばしば

$$P_i = \begin{cases} \alpha + \beta X_i & 0 < \alpha + \beta X_i < 1 \text{ のとき} \\ 1 & \alpha + \beta X_i \geq 1 \text{ のとき} \\ 0 & \alpha + \beta X_i \leq 0 \text{ のとき} \end{cases} \qquad (10\text{-}42)$$

のかたちに書きます．これを図示したものが図 10-4 です．

　線形確率モデルは（10-40）に最小二乗法を用いれば簡単ですが，モデルとしても，また推定上もいろいろと問題があります（たとえば u について均一分散の仮定が成立しないこと）．そこでそれに代わるものが考えられていますが，その中で最も実用性が高い**ロジット・モデル**（logit model）について説明しましょう．

　それは

$$Z_i = \alpha + \beta X_i \qquad (10\text{-}43)$$

として，Z_i の値が $-\infty$ と ∞ の間を動くとき 0 と 1 の間の値をとるような関数 $F(Z)$ を考え，その具体的なかたちとして

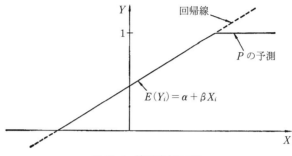

図 10-4　線形確率モデル

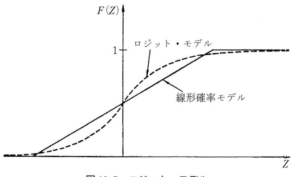

図 10-5　ロジット・モデル

$$P_i = F(Z_i) = \frac{1}{1 + e^{-Z_i}} = \frac{1}{1 + e^{-(\alpha + \beta X_i)}} \qquad (10\text{-}44)$$

を考えるものです．ここでは $Z \to -\infty$ のとき $P \to 0$, $Z \to +\infty$ のとき $P \to 1$ となることがわかります．図 10-5 がロジット・モデルを示したものです．

　ロジット・モデルを推定するためには，(10-44) から

$$e^{Z_i} = \frac{P_i}{1 - P_i} \qquad (10\text{-}45)$$

が得られますから，この両辺の対数をとると

$$Z_i = \log\left(\frac{P_i}{1-P_i}\right) \qquad (10\text{-}46)$$

となります。したがって

$$\log\left(\frac{P_i}{1-P_i}\right) = \alpha + \beta X_i \qquad (10\text{-}47)$$

が得られます。このモデルの推定にもいろいろと難しい問題はあります（たとえば同じXの値について何回か反復してデータYがとられなければならないこと）が、モデルとしては線形確率モデルより明らかにすぐれているといえるでしょう。

§49 分布ラグ・モデル

計量モデルをつくる上で一つの重要なことは、従属変数Yに対する独立変数Xの影響が同時的ではなく、ある遅れをともなって生じることが多いということです。たとえばY_tをt期の消費支出、X_tをt期の所得とするとき、所得X_tの変化は単にその期の消費Y_tに影響するだけではなく、将来の消費$Y_{t+1}, Y_{t+2}, \cdots\cdots$にも影響すると考えられます。このことは、今期の消費Y_tは、今期の所得X_tだけでなく過去の所得X_{t-1}, $X_{t-2}, \cdots\cdots$にも依存することを意味しています。もし過去の影響がm期間にわたってあるとすれば

$$\begin{aligned}
Y_t &= \alpha + \beta_0 X_t + \beta_1 X_{t-1} + \cdots\cdots + \beta_m X_{t-m} + u_t \\
&= \alpha + \sum_{j=0}^{m} \beta_j X_{t-j} + u_t \qquad (10\text{-}48)
\end{aligned}$$

と書くことができます。このように影響を遅れが何期間にもわたって分布しているかたちのモデルを**分布ラグ・モデル**（distributed lag model）といいます。

このような遅れが存在する理由としては、次のようにいくつかのことが考えられます。第1は技術的な理由です。たとえば生産には時間がかかります。耐久財は何期間にもわたって使用できます。設備の建設には何期間もかかります。第2の理由は制度的なものです。たとえば製品の引渡しに対して支払いがな

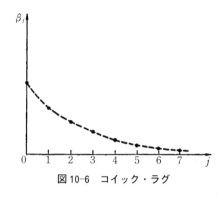

図 10-6　コイック・ラグ

されるまでにある程度の遅れがあるのがふつうです. 消費者ローンによる購入などは分布ラグを生ぜしめる典型的な例でしょう. 第3には心理的な理由があります. 行動はしばしば慣性とか習慣に支配されます. 将来に対する期待はしばしば過去の動きに基づいて形成されます.

　分布ラグについてはいろいろなかたちのものが提案されていますが, ここでも最も広く用いられている二つのものについて説明しましょう.

　最も単純でかつ広く用いられているのが**コイック・ラグ**（Koyck lag）または**幾何級数ラグ**（geometric lag）と呼ばれるもので, 前者の名称は提案者 L. M. Koyck の名をとったものです. これは (10-48) で遅れが無限期間にわたる場合 ($m=\infty$) で, その係数 $\beta_0, \beta_1, \beta_2, \cdots\cdots$ が幾何級数になっている場合です. すなわち

$$\beta_1=\lambda\beta_0, \quad \beta_2=\lambda\beta_1=\lambda^2\beta_0, \quad \beta_3=\lambda\beta_2=\lambda^3\beta_0, \quad \cdots\cdots$$

であり, 一般に

$$\beta_j=\lambda\beta_{j-1}=\lambda^j\beta_0 \qquad j=1,2,3,\cdots\cdots \qquad (10\text{-}49)$$

となります. ただし, $0<\lambda<1$ です. これを図示したものが図 10-6 です.

　なお,

$$w_j=\frac{\beta_j}{\displaystyle\sum_{k=0}^{\infty}\beta_k}=\frac{\lambda^j\beta_0}{\displaystyle\sum_{k=0}^{\infty}\lambda^k\beta_0}=(1-\lambda)\lambda^j \qquad (10\text{-}50)$$

と書けば

$$\sum_{j=0}^{\infty} w_j = (1-\lambda) \sum_{j=0}^{\infty} \lambda^j = \frac{1-\lambda}{1-\lambda} = 1 \qquad (10\text{-}51)$$

であり，ここで，$\beta = \beta_0/(1-\lambda)$ とすれば，$m = \infty$ としたときの (10-48) は

$$Y_t = \alpha + \beta \sum_{j=0}^{\infty} w_j X_{t-j} + u_t \qquad (10\text{-}52)$$

と書けます．これは全体として β で表わされる影響が各期に (10-50) で表わされるウェイトで分散していることを意味しています．そして $\lambda = 0$ であれば $\beta_0 = \beta$ で，他の β_j はすべて 0 になりますから，遅れをもつ影響はまったくないことを表わし，λ が大きくなるほど遅れをもつ影響が長い期間に分散していることを表わします．その意味で $1-\lambda$ をこのモデルの**調整速度**と呼びます．

コイック・ラグのモデルは

$$Y_t = \alpha + \beta_0 X_t + \beta_0 \lambda X_{t-1} + \beta_0 \lambda^2 X_{t-2} + \cdots + u_t \quad (10\text{-}53)$$

であり，X の項を無限に含むわけですから，そのままでは計測できません．そこで次のように変形します．まず (10-53) を 1 期遅らせた上で λ を掛けると

$$\lambda Y_{t-1} = \alpha\lambda + \beta_0 \lambda X_{t-1} + \beta_0 \lambda^2 X_{t-2} + \cdots + \lambda u_{t-1} \quad (10\text{-}54)$$

が得られます．そこで (10-53) から (10-54) を引くと

$$Y_t - \lambda Y_{t-1} = \alpha(1-\lambda) + \beta_0 X_t + (u_t - \lambda u_{t-1}) \quad (10\text{-}55)$$

となります．したがって $v_t = u_t - \lambda u_{t-1}$ と書き，

$$Y_t = \alpha(1-\lambda) + \beta_0 X_t + \lambda Y_{t-1} + v_t \qquad (10\text{-}56)$$

とすれば，独立変数を X_t と Y_{t-1} として計測することができます．このように，従属変数の 1 期遅れをもったものを独立変数としたモデルはコイック・ラグを含んでいると解釈できます．

一つの重要な応用例としてストック調整モデル（60〜61 ページ参照）をあげることができます．いま $I_t = t$ 期の純投資，$K_t = t$ 期末の資本ストック，$K_t^* = t$ 期末の所望ストックとし，$\gamma(0 < \gamma \leqq 1)$ を調整係数とすると，このモデルは

$$I_t = K_t - K_{t-1} = \gamma(K_t^* - K_{t-1}) + v_t \qquad (10\text{-}57)$$

と書くことができます．これは

$$K_t = \gamma K_t^* + (1-\gamma)K_{t-1} + v_t \qquad (10\text{-}58)$$

となります．ここで所望資本ストック K_t^* は生産量 Y_t のある一定倍であると仮定しますと，δ を所望資本・生産量比率として

$$K_t^* = \delta Y_t \qquad (10\text{-}59)$$

と書けますから，これを (10-58) に代入し

$$K_t = \gamma\delta Y_t + (1-\gamma)K_{t-1} + v_t \qquad (10\text{-}60)$$

が得られます．これは定数項がないことを除けば (10-56) と同じ形であり，また

$$1 - \gamma = \lambda \qquad (10\text{-}61)$$

したがって $\gamma = 1 - \lambda$ が調整速度であることがわかります．なお (10-60) は

$$K_t = \gamma\delta \sum_{j=0}^{\infty} (1-\gamma)^j Y_{t-j} + u_t \qquad (10\text{-}62)$$

という分布ラグ・モデルと等しいことも今までの説明からわかるでしょう．ただし $u_t = (1-\gamma)u_{t-1} + v_t$ です．これは，現在の資本ストックが現在および過去の生産量水準の関数であることを表わしています．

コイック・ラグと並んでよく使われる分布ラグとして**アーモン・ラグ**（Almon lag）があります．これはアーモン（S. Almon）の提案によるもので，有限多項式の形のラグです．いま l 次の多項式を考えるとき，(10-48) において

$$\beta_j = a_0 + a_1 j + a_2 j^2 + \cdots + a_l j^l = \sum_{k=0}^{l} a_k j^k \qquad (10\text{-}63)$$

と考えたものです．ただし $l < m$ とします．簡単のために 2 次の場合を考え，また $m = 3$ としますと，

$$\beta_j = a_0 + a_1 j + a_2 j^2 \qquad (10\text{-}64)$$

となります．そして (10-48) は

$$Y_t = \alpha + \left(\sum_{k=0}^{2} a_k 0^k\right) X_t + \left(\sum_{k=0}^{2} a_k 1^k\right) X_{t-1}$$
$$+ \left(\sum_{k=0}^{2} a_k 2^k\right) X_{t-2} + \left(\sum_{k=0}^{2} a_k 3^k\right) X_{t-3} + u_i \quad (10\text{-}65)$$

となり，これを書き直すと

$$Y_t = \alpha + a_0 X_t + (a_0 + a_1 + a_2) X_{t-1} + (a_0 + 2a_1 + 4a_2) X_{t-2}$$
$$+ (a_0 + 3a_1 + 9a_2) X_{t-3} + u_t \quad (10\text{-}66)$$

となります．計測のときには (10-66) を書き直して

$$Y_t = \alpha + a_0 (X_t + X_{t-1} + X_{t-2} + X_{t-3}) + a_1 (X_{t-1} + 2X_{t-2}$$
$$+ 3X_{t-3}) + a_2 (X_{t-1} + 4X_{t-2} + 9X_{t-3}) + u_t \quad (10\text{-}67)$$

として，遅れをもった X の三つの組み合せを独立変数として扱えば，a_0, a_1, a_2 を直接推定することができます．

アーモン・ラグはコイック・ラグよりも複雑ですが，図 10-7 に一例を示したように，コイック・ラグと違った形のラグの分布を表わすことができますので，コイック・ラグのような指数曲線型では不適当である場合に用いられます．

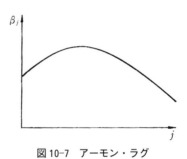

図 10-7 アーモン・ラグ

§50 予 測

広い意味で大部分の理論の目的は予測にあります．広い意味というのは，予測には大別すると二種類あるからです．一つは狭義の予測で，これは私たちが予測される対象の外側にいて，将来どのような状態が実現するかということを予測するものです．したがって，これは受動的な予想ということができます．これに対してもう一つの予測は，私たちが予測される対象に働きかけること，すなわち私たちのとりうる政策をも考慮に入れ

て，政策の影響も含めて将来を予測するものです．このような予測の場合には，とりうる政策はいろいろありますから，予測の結果はいろいろな場合について得られます．いいかえると，予測のために用いるモデルについて，いろいろな政策をためしてみることになるわけで，この意味で，この種の予測は**政策実験**（policy experiment）とも呼ばれ，そのためのモデルはとくに**政策モデル**（policy model）と呼ばれます．

　計量経済モデルは，受動的な予測にも，能動的な予測にもいずれにも用いられますが，それは統計的モデルですから結果も統計的判断のかたちをとります．予測はつねに正確なものではなく，誤差を含んだものですが，計量経済モデルは，その誤差を分析し，さらにはその大きさを予測するためのフレームワークを提供することができます．

　推定された計量経済モデルを使って予測することは，予測される時点において，先決変数について予想あるいは想定される値に基づいて，モデルから内生変数の値を計算することを意味します．単一方程式モデルの場合には，内生変数は一つですから構造方程式をそのまま予測に使うことができます．これに対して連立方程式モデルの場合には，構造方程式から誘導型方程式をつくり，それを用いて予測のための計算を行うことになります．いずれの場合にも，攪乱項は0として予測値が計算されるのがふつうです．なお先決変数のうち外生変数は想定によってモデルの外から与えられますが，先決内生変数はモデルによって計算された値が次々に用いられます．

　このようにして得られた予測値は，前にも述べたように誤差を含むものです．計量経済モデルによる予測の誤差は，次の三つの要素に分解できます．第1は，モデルのなかでは無視されている要因があるために生じる誤差，いいかえるとモデルの攪乱項uのために生じる誤差です．予測においては，攪乱項の値はその平均値0をとると考えられますが，これは攪乱項が0以外の特定の値をとるという特別の根拠がないとすれば，攪乱項

の推定値として望みうる最善のものだからです．しかし，実際には，攪乱項は0でないある大きさの値として実現するのがふつうでしょう．そこで，予測に誤差が生じます．

けれども，攪乱項が0からどのように離れた値をとるかということについて，何の手がかりも持っていないわけではありません．方程式の推定に用いられたデータから，攪乱項の推定値，すなわち，計算された方程式からの残差が0のまわりをどのように変動しているかを知ることができます（たとえば，回帰のまわりの標準偏差は，その変動の大きさを測るものです）．この残差の標準偏差ないし分散が，予測値の誤差の標準偏差ないし分散を評価する一つの手がかりになります．要するに，攪乱項はある一つの安定した確率分布から発生するものであるとして，方程式の残差の標本分散からその分布の分散を推定することができますが，それが予測の誤差の第1の構成要素であるというわけです．

予測の誤差の第2の構成要素は，モデルの係数の本当の値を知ることができないということから生じる誤差です．予測に使うモデルは推定されたモデルであり，そのなかのパラメータは推定の誤差を含んでいます．したがって，その誤差は当然予測値の誤差に影響します．しかし，ここでも予測誤差を評価する手がかりはあります．それは，パラメータの推定値の平均値と分散です．最小二乗法による回帰分析の場合には，8章でその評価の方法をすでに知りましたが，そのような知識に基づいて予測誤差の第2の要素を評価することができるのです．

予測の誤差の第3の源泉は，どのような予測においても必ずおかなければならない仮定ないし想定にあります．上にも説明したように，予測期間における外生変数および先決内生変数の値について何らかの仮定をしなければなりません．これらの変数については，不完全にしかわかっていないのがふつうですから，仮定された値が実現値とくい違えば，他の原因による誤差は全くなくても予測には誤差が生じます．

　モデルの予測力を評価するときに注意しなければならないことは，第3の誤差により予測がはずれた場合です．このときには，予測がはずれたからといってモデルの内生的メカニズムの有効性まで否定してはいけません．予測の誤差が主として仮定のまちがいによるものである場合には，モデルはそのままにしておいて，外生的情報を改善することに努力しなければならないことになります．モデルの内生的メカニズムに誤りがあっても，仮定がその誤りをちょうど相殺するように誤っているという幸運にめぐまれれば予測は当たるということになりますから，モデルの予測力の評価はその的中度にだけたよることはできないのです．この意味で，上に説明したような三つの源泉による予測誤差の相対的な大きさを評価することは非常に重要なことです．

　以上のような三つの源泉による誤差のほかに，もちろん予測に用いられたモデルを不適当なものにしてしまうような構造変化や，モデル構築の誤りによるものがあります．しかしこれは計量的手法の問題ではありませんので，ここで扱うことはできません．

　いま単純回帰モデルを例にとって予測誤差の評価を説明しましょう．

$$Y_t = \alpha + \beta X_t + u_t \tag{10-68}$$

を最小二乗法で推定した式を

$$Y_t = a + b X_t + \hat{u}_t \tag{10-69}$$

とします．この方程式の各変数について標本平均値からの偏差をとって考えると，$\hat{u}_t$ の標本平均値は0で，

$$\bar{Y} = a + b \bar{X} \tag{10-70}$$

ですから

$$Y_t - \bar{Y} = b(X_t - \bar{X}) + \hat{u}_t \tag{10-71}$$

となります．ここで，予測時点における説明変数 X の値を X_F と想定すると，Y の予測値 Y_F を (10-71) から求める式は，**攪乱項を0として**

$$Y_F = b(X_F - \bar{X}) + \bar{Y} \qquad (10\text{-}72)$$

となります. この Y_F の分散 $\mathrm{var}(Y_F)$ は次の式で求められます.

$$\mathrm{var}(Y_F) = (X_F - \bar{X})^2 \mathrm{var}(b) + \frac{\mathrm{var}(u)}{n}$$
$$+ \mathrm{var}(u) \qquad (10\text{-}73)$$

この式の右辺には三つの項がありますが, 第1項は b の値が推定の誤差をもっていることによるもので, それに X の標本平均値 $\bar{X}$ と予測時点の X の想定値 X_F との差の二乗がかかっているのは, $(X_F - \bar{X})$ を定数とみなして, $\mathrm{var}(cx) = c^2 \mathrm{var}(x)$ という公式を用いていることによります (86 ページ (6-24) 式). 第2項は Y の平均値 $\bar{Y}$ の分散で, これは Y の分散は $\mathrm{var}(u)$ でありますから, n 個のデータの平均値 $\bar{Y}$ の分散は $\mathrm{var}(u)/n$ となることによります. これは, 平均値からの偏差のかたちで表わされた変数についての方程式を使っているのに, Y の真の平均値を知らないことから生じるものです. Y の真の平均値の代わりに Y の標本平均値 $\bar{Y}$ を使っているので, その標本誤差が予測誤差にはいり込むわけです. 最後に, 第3項は攪乱項の存在による誤差の分散を表わします. (10-72) の予測においては, 攪乱項を無視していますから, それが実際には0でないことから誤差が生じるわけです. 以上のように, (10-73) では, 前に説明した三つの誤差のうち第1のもの (第3項) と第2のもの (第1項と第2項) とが現われています.

ところで, $\mathrm{var}(u) = \sigma^2$ であり, また §34 の (8-16) により $\mathrm{var}(b) = \sigma^2/n s_X^2 = \sigma^2/\sum(X_t - \bar{X})^2$ ですから, σ^2 の代わりにその推定値 $\hat{\sigma}^2$ を使うと, 予測値の分散の推定値 $\hat{\sigma}_{Y_F}^2$ は

$$\hat{\sigma}_{Y_F}^2 = \hat{\sigma}^2 \left[1 + \frac{1}{n} + \frac{(X_F - \bar{X})^2}{\sum(X_t - \bar{X})^2} \right] \qquad (10\text{-}74)$$

で計算されます.

このような予測の誤差を図示すると図 10-8 のようになります. 上下2本の曲線は, X に対する Y の回帰線の上下に, ある

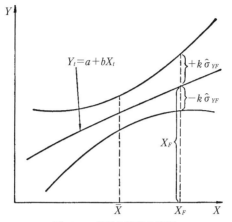

図 10-8　予測の誤差の範囲

一定の確率でYの実際値が落ちる範囲を図示したもので，それは回帰線のまわりに$\hat{\sigma}_{YF}$の$\pm k$倍の幅をとったものです．そして倍率kは上述の確率をいくらにするかによって決まります．この範囲は予測時点のXの値X_Fが回帰の計算に用いたデータのXの平均値$\bar{X}$から離れるほど広くなることがわかります（これは (10-74) の第 3 項によります）．

最後に，もし説明変数Xの想定値X_Fが誤差をもつ場合にはどうなるかを簡単に説明しておきましょう．この場合には，X_Fの誤差の分散を$\mathrm{var}(X_F)$としますと，(10-73) の第 1 項が近似的に

$$(X_F - \bar{X})^2 \mathrm{var}(b) + b^2 \mathrm{var}(X_F) \qquad (10\text{-}75)$$

となります．この式は，標本数nが大きく，そしてX_Fとbとが独立の場合の近似式です．

§51　シミュレーション

最近では，計量経済モデルを使ったシミュレーション分析が非常によく行われます．計量経済モデルは，現実の経済システ

ムの数量的モデルですから，モデルのなかの各変数は経済システムのなかの対応する経済量の動きを近似的に表わす，すなわちシミュレート（simulate）すると考えられます．このように，モデルによって現実のシステムの動きを数値的に再現することを**シミュレーション**（simulation）といいます．

　ここで，「数値的に」ということを強調したのは，モデルの代数的な解（たとえば，数理経済学モデルの解）による経済システムの動きの表現までもシミュレーションに含めることは，シミュレーションを広義にとりすぎて，モデルという言葉との区別がつかなくなり，シミュレーションという別の言葉を使う意味がなくなってしまうからです．シミュレーションによってつくり出されたシステムの動きは，当然現実のシステムの動きと全く一致することはないわけで，それはいわばモデルから発生させられた「人工的な現実」の動きです．この人工的な現実の動きが現実のシステムの動きを再現している度合いが高ければ高いほど，そのモデルはよいモデルであるといえます．

　シミュレーションの目的のためにつくられるモデルをシミュレーション・モデルといいますが，計量経済学的シミュレーション・モデルによる分析と予測には大別して次の三つの方法が考えられます．これらの三つの方法は，ゴールドバーガー（A. S. Goldberger）がそれぞれ**部分分析**（partial analysis），**全部分析**（total analysis），**最終分析**（final analysis）と呼んだもので，その区別は内生変数の推定値ないし予測値を計算するのに用いられる情報ないし観測値の違いによってなされます．最終分析では内生変数の値を計算するのに必要とされる情報は，各年についての外生変数の観測値ないし予測値だけです．

　全部分析では，それに加えて先決内生変数の値としても実際の観測値が用いられます．部分分析では，さらにそのうえに遅れのない内生変数についても，それが説明変数であるかぎり実際の観測値が用いられます．いうまでもなく，観測値が用いら

れるといっても，それはそれが利用できる分析期間内だけのことです．

　もっと正確には，次のように説明しなければなりません．計量経済モデルでは，定義的恒等式を除いて，各構造方程式はそれぞれ一つの遅れのない内生変数の動きを説明するものです．たとえば，消費関数における消費という変数がそれです．これがふつうは方程式の左辺の変数です．

　部分分析では，全部の先決変数と，左辺の内生変数を除くすべての内生変数について，実際の観測値が代入されます．そして，左辺の内生変数の推定値が計算されます．この方法は個々の構造関係式の安定性を検討し，方程式残差の吟味に基づいて，変数の追加や関数形の変更などモデルの部分的な改良を行う手がかりをつかむのに適しています．このようなところから，この方法は構造分析と呼ばれることもあります．

　けれども，部分分析はモデルの全体を同時に利用しませんから，モデルの全体的な有効性を直接に立証することはできません．構造方程式の誤差は，全部の方程式が関係し合っていることからいろいろと入り組んだかたちで現われますから，部分分析のような部分的な分析では不十分です．全部分析はそのような構造誤差の分析に適したものです．この方法では，先決変数についてだけ実際の観測値が用いられ，時の遅れのない内生変数は連立方程式を解くことによってすべて同時に計算されます．線形モデルの場合には，一度誘導型モデルを求めておけば，その各方程式は時の遅れのない内生変数をただ一つしか含みませんから，その他の先決変数に観測値を代入することによって簡単に内生変数の値が計算できます．このことから，全部分析は誘導型法とも呼ばれます．

　最終分析は，外生変数の観測値ないし想定値と，分析期間の最初の期における先決（時の遅れをもった）内生変数とだけを与えて，他はすべて，すなわち，遅れのない内生変数と最初の期を除く時期における先決内生変数とについてはすべて，モデ

ルから計算して求めるものです。第2期以後については，遅れ
のある内生変数の値としてモデルから計算されたものを用いる
ことが全部分析との違いで，最終分析では，前の期の内生変数
の計算値ないし予測値が次の期の先決内生変数の値として用い
られるというように連鎖的，動態的な計算が行われます。そし
て最終分析は，他の方法と比べて分析に用いられる外生的情報
が最も少ないという意味で，モデルのテストとして最も厳密な
ものであると考えられています。部分分析も全部分析も，変数
の値は各年ごとに実績値にもどされるわけですが，最終分析で
は，内生変数は最後まで計算値が用いられるのです。

　以上のような方法によってモデルのテストを行う場合に，モ
デルの推定に用いられたデータの期間内について，モデルによ
る計算値と実際のデータ（実績値）とがどの程度適合している
かということと，推定に用いられた期間の外（ふつうは後の期
間）で，計算値が実績値をどの程度よく近似しているかという
ことが問題になります。前の方の吟味を**内挿テスト**（interpo-
lation test）または**事後予測**（ex-post forecasting）といい，
これに対して，後の方は**補外**または**外挿テスト**（extrapolation
test）と呼ばれています。外挿テストがふつうの意味での予測
力のテストになります。

　外挿テストの場合には，外挿（予測）期間がすでに経過後の
ものでない限り，先決変数の実績値ですら利用できないわけで
すから，部分分析や全部分析は不可能なわけで，最終分析によ
らなければなりません。したがって，真の意味での予測は最終
分析によることになります。しかし，外挿期間についてすでに
実績値が利用できるような場合でも，モデルの一つのテストと
して最終分析は意味をもっているのです。

　計量経済モデルによる経済システムの分析と予測は，モデル
からシステムの動きを発生させてみるという点でシミュレー
ション分析ということができるわけですが，多くの場合，先決
変数や構造パラメータ，とりわけ政策的変数およびパラメータ

についての想定をいろいろと変えてシミュレーションが行われ
ます．このような試みをとくに**シミュレーション実験**（simu-
lation experiment）といいます．大規模な計量経済モデルによ
るシミュレーション実験は，高性能のコンピュータの利用と結
びつくことによってその実用性が急速に高まっており，国家の
経済政策や企業の計画策定などの目的のために欠くことのでき
ないものとなっています．

11　連立方程式モデルの推定

§52　直接最小二乗法

9章では，ただ一つの方程式で表わされたモデル，すなわち単一方程式モデルに最小二乗法による回帰分析を適用する場合のいろいろな問題について考えました．けれども，複雑な経済現象は単一方程式モデルでは十分には分析できません．一つの回帰方程式は一つの因果的関係を表わしますが，経済現象は多くの因果関係がからみ合っているものだからです．

経済現象については，ワルラス流の一般均衡理論のいうように「すべてのものは他のすべてのものに依存する」と考えるのが厳密です．そこまで一般化しなくても，いくつかの経済変数のあいだはいくつかの異なった因果関係の糸でつながれていると考える方がよいでしょう．たとえば国民総消費 C_t と国民所得 Y_t のあいだには二つの因果関係があります．人々は互いに互いのお客ですから，一人の人の消費は他の人の所得の原因となり，また人々は何らかの収入によって生活しているわけですから，所得は消費を生む原因です．

本章の問題の出発点は，このように経済変数のあいだがいくつかの異なった因果関係で結ばれているとき，そのうち一つでも無視して統計的分析を行うと誤りが生じるということです．このことは§45で概略説明し，連立方程式に適した推定法が必要であることを述べました．本章ではこの問題について説明します．

いま，次のような二つの構造方程式からなる所得決定モデルを考えてみましょう．

$$C_t = \alpha + \beta Y_t + u_t \tag{11-1}$$
$$Y_t = C_t + Z_t \tag{11-2}$$

ここで $C=$ 消費，$Y=$ 所得，$Z=$ 非消費支出，$u=$ 攪乱項です．(11-1) は消費関数であり，(11-2) は所得の定義式です．このモデルによって決定される変数，すなわち内生変数は C と Y で，Z は C や Y とは独立にモデルの外で決定される変数，すなわち外生変数です．ここで，u については次の仮定をおきます．すべての t について

$$E(u_t)=0 \tag{11-3}$$

$$E(u_t u_{t+k})=\begin{cases} 0 & k\neq 0 \text{ のとき} \\ \sigma^2 & k=0 \text{ のとき} \end{cases} \tag{11-4}$$

また Z と u は独立であるとします．

ここで，(11-1) に最小二乗法を適用することを考えてみましょう．(11-4) の仮定から，不均一分散と系列相関の問題はないわけですから，あとは (11-1) の独立変数（説明変数）Y と攪乱項 u のあいだの相関の問題だけが残っています．この相関を調べるために (11-2) に (11-1) を代入すると

$$Y_t=\alpha+\beta Y_t+Z_t+u_t$$

したがって

$$Y_t=\frac{\alpha}{1-\beta}+\frac{1}{1-\beta}Z_t+\frac{u_t}{1-\beta} \tag{11-5}$$

となりますから，Y_t は u_t によって影響を受けることがわかります．さて，(11-5) から

$$E(Y_t)=\frac{\alpha}{1-\beta}+\frac{1}{1-\beta}Z_t \tag{11-6}$$

ですから，u_t と Y_t との共分散は

$$E\{u_t\{Y_t-E(Y_t)\}\}=\frac{1}{1-\beta}E(u_t^2)$$

$$=\frac{1}{1-\beta}\sigma^2\neq 0 \tag{11-7}$$

となります．そこで，消費関数 (11-1) においては，説明変数と攪乱項とは相関をもつことがわかり，したがって，(11-1) に直接に最小二乗法を適用して得られる α および β の推定値 a

およびbは偏りをもつことになります（§45を参照）．しかも，この偏りは標本の数が限りなく大きくなっても消えませんから，aとbは一致推定値でもないわけです．

　以上のように経済モデルの構造方程式，すなわち経済理論から直接に数式化された方程式に直接に最小二乗法を適用するのを**直接最小二乗法**（direct least squares method 略して DLS）といいますが，直接最小二乗法では，一般にパラメータの不偏および一致推定値は得られないのです．その原因は，構造方程式には一般に内生変数が一つだけしか含まれていないとは限らず，内生変数が二つ以上含まれている場合には，右辺の説明変数のなかに内生変数が含まれていることになり，それが構造方程式の攪乱項と相関をもつことにあります．これが連立方程式モデルの推定における最小二乗法適用の問題です．

§53　間接最小二乗法（ILS）と二段階最小二乗法（2SLS）

　前節で，問題はYとuとのあいだの相関にあることがはっきりしたのですが，当然このような問題を避けるための推定方法を探すという努力がいろいろとなされています．その一つは，構造方程式に(11-1)にではなく，誘導型に最小二乗法を適用するというものです．いま(11-1)と(11-2)とを内生変数C_tおよびY_tについて解くと，誘導型

$$C_t = \frac{\beta}{1-\beta}Z_t + \frac{\alpha}{1-\beta} + \frac{u_t}{1-\beta} \qquad (11\text{-}8)$$

$$Y_t = \frac{1}{1-\beta}Z_t + \frac{\alpha}{1-\beta} + \frac{u_t}{1-\beta} \qquad (11\text{-}9)$$

が得られます．この(11-8)と(11-9)では，さきにZとuとは独立であると仮定しましたから，説明変数と攪乱項との相関はなく，最小二乗法のための他の前提条件もすべて満たされています（ただし，規定6は満たされなくともよい）．したがって誘導型のパラメータ$\beta/(1-\beta)$，$\alpha/(1-\beta)$ および $1/(1-\beta)$ については不偏推定値が得られます．

しかしながらここで注意しなければならないことは，誘導型のパラメータの不偏推定値から構造方程式のパラメータ，すなわち構造パラメータ α および β の推定値を求めても，それは α および β の不偏推定値ではないことです．誘導型のパラメータと構造パラメータの間の関係式は線形ではないからです．

このように構造方程式に直接に最小二乗法を適用するのでなく，まず構造方程式から誘導型方程式をつくり，そのパラメータを最小二乗法で推定し，その結果からもとの構造方程式のパラメータを求める方法を，**間接最小二乗法**（indirect least squares method 略して ILS）といいます．この方法によれば，直接最小二乗法における一つの問題を避けることができますが，後に説明するように，この方法はある特定の場合にしか適用できません．

間接最小二乗法と同じように，直接最小二乗法の問題を回避するために考案された方法として，次に**二段階最小二乗法**（two-stage least squares method 略して 2SLS）があげられます．この方法は，DLS では構造方程式の説明変数が内生変数であるときに，それと攪乱項とのあいだに相関が生じることが問題であり，そしてそれは結局説明変数である内生変数に含まれる攪乱項のためであることに注目して，構造方程式中の説明変数である内生変数から攪乱要素を除いた後で最小二乗法を適用しようというものです．

そのために，まず説明変数となっている内生変数について，モデルのなかのすべての先決変数に対する回帰を計算し，その回帰から計算された内生変数の値を用いて構造方程式の最小二乗回帰を求めるのです．いま，(11-1) を例にとると，DLS の問題は Y と u との相関にありますから，まずモデルのなかの先決変数（いまの場合外生変数である Z 一つです）に対する Y の回帰を計算します．Z に対する Y の最小二乗回帰を

$$Y = c_1 + c_2 Z + e \tag{11-10}$$

とし，それによる Y の推定値を $\hat{Y}$ と書くと

$$\hat{Y} = c_1 + c_2 Z \qquad (11\text{-}11)$$

となります. そこで, 次にこの $\hat{Y}$ を (11-1) に代入すると, $Y = \hat{Y} + e$ だから

$$C = \alpha + \beta \hat{Y} + (u + \beta e) \qquad (11\text{-}12)$$

が得られます.

(11-12) では, $\hat{Y}$ は Z の正確な関数ですから u とは無相関であり, また, (11-10) は最小二乗回帰であり, 最小二乗法の性質から Z は e とも無相関となりますから[*], $\hat{Y}$ は (11-12) の攪乱項 $u + \beta e$ と無相関です.

したがって, 今度は, (11-12) に直接に最小二乗法を適用して α と β の推定値を求めることができます.

以上を要約すると, 2SLS は最小二乗法を次の 2 段階に分けて使うのです. すなわち

第 1 段階：構造方程式において説明変数となっている内生変数について, モデルのなかのすべての先決変数に対する回帰を最小二乗法によって計算する.

第 2 段階：第 1 段階で計算された回帰によって説明変数である内生変数の計算値を求め, それを用いて構造方程式を最小二乗法で推定する.

§54 認定の問題

間接最小二乗法では, 誘導型パラメータ（誘導型方程式のパラメータ）を最小二乗法で推定し, それから構造パラメータ（構造方程式のパラメータ）の推定値を求めるということを説明しましたが, それが可能であるためには, モデルの認定（あるいは識別とも訳されます）可能性（identifiability）についての条件が必要です. そこで, 以下この**認定**あるいは**識別**（identification）の問題とは何かを説明しましょう.

いま, 次のような三つの方程式からなる連立方程式モデルを

---

[*] 104 ページ (7-22) を参照.

考えてみましょう.

$$y_1 \qquad\qquad + \gamma_{11}z_1 + \gamma_{12}z_2 + \gamma_{13}z_3 + \gamma_{14}z_4 = u_1 \qquad (11\text{-}13)$$

$$\beta_{21}y_1 + y_2 + \beta_{23}y_3 + \gamma_{21}z_1 + \gamma_{22}z_2 + \gamma_{23}z_3 \qquad\quad = u_2 \qquad (11\text{-}14)$$

$$\beta_{31}y_1 \qquad + y_3 + \gamma_{31}z_1 + \gamma_{32}z_2 \qquad\qquad\qquad = u_3 \qquad (11\text{-}15)$$

ここで y_1, y_2, y_3 はこのモデルから決定される内生変数, $z_1, z_2,$ z_3, z_4 は先決変数, β および γ は構造パラメータ, u は攪乱項です. (11-13) は y_1 を被説明変数, (11-14) は y_2 を被説明変数, (11-15) は y_3 を被説明変数とする方程式で, すべて攪乱項を除いて左辺に移項したものと考えることができます.

いま, このモデルを内生変数について解いて得られる誘導型方程式を次のように書くことにします.

$$y_1 = \pi_{11}z_1 + \pi_{12}z_2 + \pi_{13}z_3 + \pi_{14}z_4 + v_1 \qquad (11\text{-}16)$$

$$y_2 = \pi_{21}z_1 + \pi_{22}z_2 + \pi_{23}z_3 + \pi_{24}z_4 + v_2 \qquad (11\text{-}17)$$

$$y_3 = \pi_{31}z_1 + \pi_{32}z_2 + \pi_{33}z_3 + \pi_{34}z_4 + v_3 \qquad (11\text{-}18)$$

ここで π は誘導型パラメータ, v は攪乱項です.

誘導型の性質については, 明らかに次のことがいえます. 攪乱項 v はもとの構造方程式の攪乱項 u の一次結合ですから, u の性質から簡単に v の性質はわかります. そして v の平均値は 0, 分散はある有限の値となることがわかります. しかし, たとえ異なる式の u のあいだは独立であっても, 異なる式の v のあいだには必ずしも独立性はありません (ただし, このことはほとんど問題となりません). また構造方程式の場合とちがって, 誘導型方程式では一般に, 各方程式はモデルのなかの先決変数をすべて含むと考えておかなければなりません.

u が §41 の六つの規定を満たしているときには, 誘導型の各方程式の v もそれを満たしますから, 最小二乗法を適用してパラメータ π の推定値を求めることができます. この推定値を $\hat{\pi}$ と書くことにすると, もし $\hat{\pi}$ から構造パラメータ β および γ の推定値 $\hat{\beta}$ および $\hat{\gamma}$ をすべて一意的に求めることができるとすれば, そのときこのモデルは**適度認定** (just-identified) であるといいます. またある一つの構造方程式を考えて, そのパ

ラメータが誘導型パラメータの値から一意的に決定されるとき，その方程式は適度認定であるといいます．したがって，モデルが適度認定であるということは，そのなかのすべての方程式が適度認定であることを意味します．

そこで (11-13)～(11-15) のモデルの認定可能性を調べてみましょう．(11-13)～(11-15) を解いて，(11-16)～(11-18) と比較すれば，構造パラメータと誘導型パラメータとは次のような関係にあることが確かめられます．

$$
\left.
\begin{aligned}
-\gamma_{11} &= \pi_{11} \\
-\gamma_{12} &= \pi_{12} \\
-\gamma_{13} &= \pi_{13} \\
-\gamma_{14} &= \pi_{14}
\end{aligned}
\right\} \quad (11\text{-}19)
$$

$$
\left.
\begin{aligned}
-\gamma_{21} &= \beta_{21}\pi_{11} + \pi_{21} + \beta_{23}\pi_{31} \\
-\gamma_{22} &= \beta_{21}\pi_{12} + \pi_{22} + \beta_{23}\pi_{32} \\
-\gamma_{23} &= \beta_{21}\pi_{13} + \pi_{23} + \beta_{23}\pi_{33} \\
0 &= \beta_{21}\pi_{14} + \pi_{24} + \beta_{23}\pi_{34}
\end{aligned}
\right\} \quad (11\text{-}20)
$$

$$
\left.
\begin{aligned}
\gamma_{31} &= \beta_{31}\pi_{11} + \pi_{31} \\
\gamma_{32} &= \beta_{31}\pi_{12} + \pi_{32} \\
0 &= \beta_{31}\pi_{13} + \pi_{33} \\
0 &= \beta_{31}\pi_{14} + \pi_{34}
\end{aligned}
\right\} \quad (11\text{-}21)
$$

まず (11-19) を見ると，(11-13) のパラメータ $\gamma_{11}, \gamma_{12}, \gamma_{13}, \gamma_{14}$ はすべて π から一意的に決定されます．したがって，方程式 (11-13) は適度認定です．

次に，(11-20) を見ると，ここには方程式が四つに対して未知数である構造パラメータが $\beta_{21}, \beta_{23}, \gamma_{21}, \gamma_{22}, \gamma_{23}$ で五つありますから，方程式の数が足りなくて未知数は決定できません（過小決定）．そこで構造方程式 (11-14) は**過小認定**（under-identified）であるといいます．

最後に，(11-21) を考えると，終わりの二つの方程式から β_{31} の推定値が二つ，すなわち $-\hat{\pi}_{33}/\hat{\pi}_{13}$ と $-\hat{\pi}_{34}/\hat{\pi}_{14}$ が得られます．そしてこれらの二つの推定値は一般に等しくなることは

ありません。すなわち β_{31} は過剰決定です。したがって
(11-21) の第1式および第2式から γ_{31} および γ_{32} も過剰決定
になります。そこで構造方程式 (11-15) は**過剰認定** (over-
identified) であるといいます。過剰認定の場合にも，一部分
の情報を無視すればパラメータの値を決定できますから，適度
認定の場合と過剰認定の場合とを含めて認定可能であるといい
ます。

　以上から，(11-13)〜(11-15) のモデルは認定可能性に関し
て三種類の方程式をすべて含んでいます。これは，説明のため
にそのように作られたモデルなのです。ところで，以上の説明
から，認定可能性は，構造パラメータと誘導型パラメータとの
間の関係を表わす方程式の数と，そのなかの未知数の数（構造
パラメータの数）に関係することがわかったと思います。この
ことから，認定可能のための条件は何かということを考えるこ
とができますが，それを説明する前に，認定可能性の意味を具
体的な例について考えておきましょう。

§55　需要供給モデルの認定問題

　認定の問題が生じる一つの典型的な場合は，需要関数の統計
的計測の場合です。一般に経済学の初歩として需要と価格との
関係を図 11-1 のように右下がりの需要曲線として教わります。
いま，何かある特定の商品について，このような関係を統計的
に計測しようとするとき，ふつうその商品の取引についての市
場統計，すなわち取引量と価格の数字を用います。この数字は
図 11-2 のように，いわゆる点相関図に示すことができます。
たとえば，点 A は，p_1 という価格で q_1 だけの取引が行われた
ことを表わします。いまこの点図表に何らかの方法，たとえ
ば，最小二乗法で直線をあてはめたとき，得られる直線を需要
直線とみなすことができるでしょうか。いいかえると，この直
線を需要関係を表わすものとして「認定」してよいかどうか
で，これが認定の問題なのです。

ところで，この場合次のことが問題になります．ふつう使う取引量の数字は，実は需要量であると同時に供給量でもあります．取引は需要と供給があってはじめて成立するからです．そうすると，qを需要量のつもりでqとpとの関係を求め，それを「需要関数」のつもりでいてよいかどうかという疑問が生じます．qは供給量でもありますから，求められた関係は供給量としてのqと価格pとの関係，すなわち「供給関数」であるかもしれないのです．それどころではなく，認定の問題についての議論は，その関係が需要関数でも供給関数で

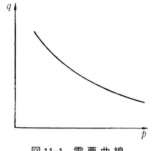

図 11-1　需要曲線

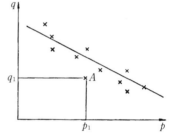

図 11-2　点相関図と直線のあてはめ

もいずれでもないということがあり得ることを教えてくれます．

　理論的にはふつう需要関数の傾斜は負であり，それに対して供給関数の傾斜は正であることを知っています．このことから，統計的に導き出された関係の傾斜が負ならば需要関数であり，正ならば供給関数であるとしてよいのではないかと考える人がいるかもしれません．しかしこれだけの知識では得られた関係が需要か供給のいずれであるかを判定することはできないのです．

　このことは，次のように考えると理解することができます．ふつう使う価格と取引量の数字は，図11-3の点Aのように必ずある需要曲線とある供給曲線の交点に対応しています．そこ

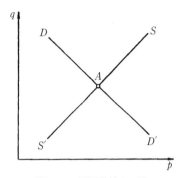

図 11-3　需要供給の一致

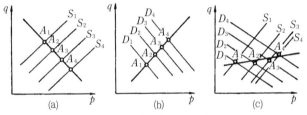

図 11-4　需要供給モデルの認定

でいま，次の三つの場合を区別することができます（図 11-4）.

　図の(a)の場合には，観測値の得られた期間，需要は価格以外の要因の影響を受けていませんが，供給の方が価格以外の何らかの要因の影響を受け，そのために価格・取引量の平面上では供給曲線が S_1, S_2, S_3, S_4 のように働いている〔このような動きを曲線の転位あるいはシフト（shift）といいます〕かたちとなっています. この場合には，図に見られるように，需要曲線と供給曲線の交点 A_1, A_2, A_3, A_4 は需要曲線のかたちを表わすことになります. これに対して図の(b)の場合には，観測期間中需要関係だけに価格以外の要因が働いて，価格・取引量平面上で需要曲線をシフトさせています. したがって，この場合に

は，両曲線の交点 A_1, A_2, A_3, A_4 は供給曲線のかたちを表わしていることになります．

これらの場合に対して，観測期間中に価格以外の何らかの要因が需要関係にも供給関係にも共通に同時に働いて，両方ともシフトさせている場合を考えてみると，(c)のようなことになります．ここでは，両者の交点 A_1, A_2, A_3, A_4 の集まりの表わしているものは需要曲線でも供給曲線でもありません．

以上をまとめてみますと，次のようになります．一般に価格 p と取引量 q のあいだには需要関係と供給関係の二つの関係があることが知られています．いま p-q 平面上の観測点の散らばりから p と q のあいだの関係を求めるとき，求められた関係は点の散らばりの性質によって異なったものを表わします．観測点の散らばりは，(攪乱を除くと) (a)供給関係だけのシフトか，(b)需要関係だけのシフトか，あるいは(c)その両方のシフトのいずれかによるものです．求められた p と q の関係は，(a)の場合は需要関係，(b)の場合は供給関係，そして(c)の場合は場合によってはそのいずれでもないものです．

(c)の場合は少し複雑なのですが，それを明らかにするために，今度はモデルを方程式で表わして考えてみましょう．まず，(a)の場合の例は次のようなモデルです．

$$q_D = \alpha_0 + \alpha_1 p \qquad \cdots\cdots\cdots\cdots\cdots\cdots 需要 \quad (11\text{-}22)$$
$$q_S = \beta_0 + \beta_1 p + \beta_2 r \quad \cdots\cdots\cdots\cdots 供給 \quad (11\text{-}23)$$
$$q_D = q_S \qquad\qquad\qquad\qquad\qquad\qquad (11\text{-}24)$$

ここでは，供給関係だけに雨量 r という要因が働いており（例えば農産物のような場合を考えればよいでしょう），r の変化が p-q 平面上で供給直線をシフトさせることになります．

(b)の場合の例としては，次のようなモデルが考えられます．

$$q_D = \alpha_0 + \alpha_1 p + \alpha_2 t \quad \cdots\cdots\cdots\cdots 需要 \quad (11\text{-}25)$$
$$q_S = \beta_0 + \beta_1 p \qquad \cdots\cdots\cdots\cdots\cdots\cdots 供給 \quad (11\text{-}26)$$
$$q_D = q_S \qquad\qquad\qquad\qquad\qquad\qquad (11\text{-}27)$$

ここでは，需要関係が消費者の好みの漸次的な変化によってシ

フトすることを時間変数 t で表わしており，このとき，p-q 平面上の点の散らばりは供給直線を表わすことになります.

(c)の場合の例としては，次のモデルが考えられます.

$$q_D = \alpha_0 + \alpha_1 p + \alpha_2 t \quad \cdots\cdots\cdots\cdots\cdots \quad 需要 \quad (11\text{-}28)$$
$$q_S = \beta_0 + \beta_1 p + \beta_2 t \quad \cdots\cdots\cdots\cdots\cdots \quad 供給 \quad (11\text{-}29)$$
$$q_D = q_S \quad\quad\quad\quad\quad\quad\quad\quad\quad\quad\quad\quad (11\text{-}30)$$

この場合には，需要直線も供給直線もともに同じ時間変数 t で表わされるようなシフトを示しますから，p-q 平面では図11-4の(c)のようになるわけです.

しかしながら，需要・供給の両直線にシフトがある場合でも，それぞれのシフトが別々の変数による場合には事情が違います. たとえば，次のようなモデルを考えてみましょう.

$$q_D = \alpha_0 + \alpha_1 p + \alpha_2 Y \quad \cdots\cdots\cdots\cdots\cdots \quad 需要 \quad (11\text{-}31)$$
$$q_S = \beta_0 + \beta_1 p + \beta_2 r \quad \cdots\cdots\cdots\cdots\cdots \quad 供給 \quad (11\text{-}32)$$
$$q_D = q_S \quad\quad\quad\quad\quad\quad\quad\quad\quad\quad\quad\quad (11\text{-}33)$$

ここでは，p-q 平面上での需要直線のシフトは消費者の所得水準 Y の変化により，供給直線のシフトは雨量 r の変動によりもたらされます. したがって，r の変化だけを考えるときには，(a)の場合に帰着しますから，需要直線が認定され，Y の変化だけを考えれば(b)の場合になりますから，供給直線が認定されることになります. そこでこの場合には需要・供給の両関係とも認定可能といえるわけです.

§56　認定可能条件

前節の需要・供給モデルの例でみたことから，方程式の認定可能性は，その方程式およびモデルのなかの他の方程式のなかに変数がどのように現われるかということに関係しているのではないかということが考えられます. 実際，このことは認定可能性を判断するための最も簡単な基準です.

一般に，経済モデルは連立方程式体系で表わされ，実際のデータは攪乱を除けばそれらの方程式を同時に満たしていると

考えられますから，幾何学的には，データの表わす点はこれら
のすべての方程式の「交点」です．そこで，これらの「交点」
の集まりからある方程式のかたちを導き出すことができるため
には，その方程式にシフトがないあいだに他の方程式がシフト
するということがあればよいわけです．これは，きわめて大
ざっぱないい方ですが，このことはその方程式に現われないよ
うな変数があるということ，あるいは，別のいい方をすれば，
その方程式に係数0で現われる変数があることを意味します．
そこで，一般的には，ある特定の方程式中の特定の変数の係数
が0であるというかたちの制約条件が，方程式の認定可能性を
決める一つの基準になると考えられます．

　いま，§54 の (11-13)〜(11-15) のモデルを一般的に次のよ
うに書くことができます．

$$\beta_{11}y_1 + \beta_{12}y_2 + \beta_{13}y_3$$
$$\quad + \gamma_{11}z_1 + \gamma_{12}z_2 + \gamma_{13}z_3 + \gamma_{14}z_4 = u_1 \qquad (11\text{-}34)$$
$$\beta_{21}y_1 + \beta_{22}y_2 + \beta_{23}y_3$$
$$\quad + \gamma_{21}z_1 + \gamma_{22}z_2 + \gamma_{23}z_3 + \gamma_{24}z_4 = u_2 \qquad (11\text{-}35)$$
$$\beta_{31}y_1 + \beta_{32}y_2 + \beta_{33}y_3$$
$$\quad + \gamma_{31}z_1 + \gamma_{32}z_2 + \gamma_{33}z_3 + \gamma_{34}z_4 = u_3 \qquad (11\text{-}36)$$

(11-13)〜(11-15) のモデルはここで

$$\beta_{11} = \beta_{22} = \beta_{33} = 1 \qquad (11\text{-}37)$$
$$\beta_{12} = 0, \quad \beta_{13} = 0 \qquad (11\text{-}38)$$
$$\gamma_{24} = 0 \qquad (11\text{-}39)$$
$$\beta_{32} = 0, \quad \gamma_{33} = 0, \quad \gamma_{34} = 0 \qquad (11\text{-}40)$$

という制約をパラメータにつけたものに相当します．ここで，
(11-37) は，各方程式のなかのどれか一つの変数の係数を1と
することで，正規化（normalization）と呼ばれています．こ
れは認定の問題には関係ありません．次の (11-38)〜(11-40)
が各方程式のパラメータについての **0-制約** と呼ばれるもので，
モデル・ビルディングの段階で経済理論によってア・プリオリ
に制約として課されるものであります．

ここで次のような定理が知られています.

定理 1 （認定可能のための必要条件 1 ）

m 個の方程式からなる連立方程式モデルの第 i 方程式が認定可能であるためには，第 i 方程式中のパラメータのうち少なくとも $(m-1)$ 個が 0 でなければなりません．すなわち，第 i 方程式のパラメータを一般に α_{ij} と書きますと，少なくとも $(m-1)$ 個の j について

$$\alpha_{ij}=0 \qquad\qquad (11\text{-}41)$$

でなければなりません.

この定理を (11-13)〜(11-15) のモデルに適用してみると，この場合 $m=3$ ですから，まず (11-13) については (11-38) の二つの 0-制約があり，これは $m-1=3-1=2$ とちょうど一致します．そこで (11-13) は適度認定です．(11-14) の場合は 0-制約は (11-39) の一つですから，これは $m-1=2$ よりも少なく，したがって (11-14) は過小認定です．(11-15) の場合には，0-制約が (11-40) のように三つもありますから多過ぎ，したがって過剰認定ということになります.

ここで，定理 1 の条件を満たしても，認定可能でない場合があることを注意しなければなりません．たとえば，次のようなモデルを考えてみましょう.

$$y_1+\beta_{12}y_2 \qquad\qquad = u_1 \qquad (11\text{-}42)$$
$$\beta_{21}y_1+ \quad y_2 \qquad\qquad = u_2 \qquad (11\text{-}43)$$
$$y_3+\gamma_{31}z_1 = u_3 \qquad (11\text{-}44)$$

この場合には，(11-42) も (11-43) もともに二つの変数を欠いており，これは，$m-1$ に等しいですから，定理 1 によれば，二つとも適度認定ということになります．しかし，これら二つは全く同じかたちをしており，認定可能でないことは明らかです．そこで，次のような別の定理が考えられています.

定理 2 （認定可能のための必要条件 2 ）

モデルのなかの第 i 方程式が認定可能であるためには，それ以外のすべての方程式について，その中に第 i 方程式には現わ

れない変数が少なくとも一つなければなりません. すなわち, 第 k 方程式 $(k \neq i)$ について

$$\alpha_{ij} = 0, \quad \alpha_{kj} \neq 0 \tag{11-45}$$

であるような j が少なくとも一つはなければなりません.

この定理2によると, (11-42) および (11-43) が認定可能でないことは簡単にわかります.

定理1および定理2は認定可能のための**次数条件**（order condition）と呼ばれていますが, いずれも一つの必要条件で, 必要十分条件ではありません. 一つの必要十分条件として**階数条件**（rank condition）と呼ばれている条件が知られていますが, その理解には行列の知識を必要としますので省略します.

以上, 説明したように, 要するに認定の問題は, 統計的方法と統計データとだけからでは, 求めようとしている経済的関係と同一のものを導き出すことはできないことを教えるもので, いわゆる「理論なき計測」（measurement without theory）の一つの大きな問題を明らかにしたものなのです.

§57 全部情報最尤法（FIML）と一部情報最尤法（LIML）

§23 で最尤法の考え方の概要を知り, §40 で最尤法と最小二乗法との関係を知りました. 経済モデルの攪乱項は, 構造方程式によって, 観測される変数（内生変数および先決変数）と未知の構造パラメータとの関数と考えられます. したがって, 攪乱項の確率分布関数において, その関数を攪乱項に代入した結果は, 変数の観測値が与えられたとしたとき, 構造パラメータだけの関数になります. これが, 尤度関数であり, それを最大にするようにパラメータの値を決めるのが最尤法でした.

このような最尤法によって求められるパラメータの推定値は, かなり一般的な条件のもとで一致性と有効性（§42を参照）をもっており, また, つねにではありませんが不偏性をもつことが知られています. そこで, このような統計学的に見てすぐれた点をもつ最尤法を連立方程式モデルの推定にも使おう

という考え方が現われたのも当然といえるでしょう.

　全部情報最尤法あるいは**完全情報最尤法**（full-information maximum likelihood method 略して FIML）と呼ばれる方法がそのような考え方によるものですが，ここでは，モデルのなかのすべての方程式の攪乱項の同時確率分布を考え，それを多次元正規分布と仮定して，それから尤度関数が求められます．この方法では，モデルのなかのすべての方程式についてのア・プリオリな理論的情報（パラメータの 0-制約のかたちでの情報）が全部考慮されているところから，全部情報最尤法と呼ばれるのです.

　FIML は，前述のように統計学的に好ましい性質をもっている半面，二つの大きな欠点をもっています．一つは，攪乱項の同時確率分布について多次元正規分布を想定していることです．観測値の数がかなり少ないのがふつうである経済データの場合に，あまりにも詳しく確率分布を規定し，その規定を全部考慮して推定を行なうことにはいろいろと困難があり，事実 FIML で成功をおさめた例はまだないようです．FIML の第二の欠点は，計算がたいへんなことです．コンピュータの進歩により事情は急速に改善されつつあるとはいえ，データの問題もあり，現在でもなお簡単にできる計算ではありません．このような理由で，FIML は実際にはほとんど使われることはありませんし，ここでも，これ以上立ち入った説明はしないことにします.

　FIML に代わってよく用いられるのが，**一部情報最尤法**または**制限情報最尤法**（limited-information maximum likelihood method 略して LIML）と呼ばれている方法です．この方法は，FIML と違ってモデルのなかの方程式を一つずつ推定するのに用いることができます．「一部情報」という名称は，この方法では，推定しようとしている方程式以外の方程式についてのア・プリオリ情報を使わないということから由来しています．推定しようとしている方程式以外についての情報を無視す

ることは，そのような情報が利用できる場合でも故意に利用しないか，または利用できないかのいずれの理由による場合も考えられます．いずれにせよ，この方法は，モデルのなかの他の方程式について正確にかたちを規定する必要がないという利点をもっています．ただし，モデルのなかの外生変数はすべて用います．

　要するに，一部情報最尤法の利点は，モデル・ビルディングの仕事を軽減し，同時に，計算の困難と費用とを小さくすることにあります．しかし，その半面 FIML に比べて推定値の効率が少し落ちることはやむをえないでしょう．

　　〔用語について〕　本書では慣用と異なり，完全情報最尤法のかわりに全部情報最尤法，制限情報最尤法のかわりに一部情報最尤法という用語を使用しましたが，これは次のような理由によるものです．完全情報に相当する英語にはperfect information という言葉がありますが，これは将来発生する事態がどのようなものかについて確実な知識があることを意味し，計量経済学での full information とはまったく異なる意味のものです．full information は本文でも説明したように，利用できる情報を全部使うという意味で，完全な情報を用いるという意味ではないので，著者は全部情報という言葉のほうが適切と思います．一部情報は全部情報に対するものとして自然に思いつくものですが，制限情報という用語でもさしつかえないでしょう．

〔参　考　書〕

計量経済学に関する書物は数多く出版されていますが，比較的最近のもの，また代表的なものをいくつかあげておきます.

[1]　森口親司『計量経済学』 岩波書店　昭 49

[2]　小尾恵一郎『計量経済学入門』 日本評論社　昭 47

[3]　佐和隆光『数量経済分析の基礎』 筑摩書房　昭 49

[4]　辻村江太郎『計量経済学』岩波書店　昭 56

[5]　A. S. Goldberger, *Econometric Theory*, John Wiley, 1964（福地崇生・森口親司訳『計量経済学の理論』東洋経済新報社　昭 45）

[6]　B. Haines, *Introduction to Quantitative Economics*, George Allen & Unwin, 1978（美添泰人・馬場孝一訳『数量経済学入門』学習研究社　昭 56）

[7]　M. D. Intriligator, *Econometric Models, Techniques, & Applications*, Prentice-Hall, 1978

[8]　J. Johnston, *Econometric Methods*, 2nd ed., McGraw-Hill, 1972（竹内啓他訳『計量経済学の方法』上下，東洋経済新報社　昭 50）

[9]　E. J. Kane, *Economic Statistics and Economics —— An Introduction to Quantitative Economics*, Harper and Row, 1968（金子敬生監訳『実践数量経済学入門』ダイヤモンド社，昭 53）

[10]　L. R. Klein, *An Introduction to Econometrics*, Prentice-Hall, 1962（大石泰彦訳『計量経済学入門』東京創元新社　昭 43）

[11]　L. R. Klein, *A Textbook of Econometrics*, Row Peterson, 1953（宮沢光一・中村貢共訳『計量経済学』岩波書店　昭 33）

[12]　O. Lange, *Introduction to Econometrics*, 4th ed., Pergamon, 1978

[13]　R. S. Pindyck & D. L. Rubinfeld, *Econometric Models and Economic Forecasts*, McGraw-Hill, 1976（金子敬生監訳『計量経済学』上下，マグロウヒル好学社，昭 56）

[14]　H. Theil, *Introduction to Econometrics*, Prentice-Hall, 1978

I　ダービン・ワトソン比率の d_L および d_U
（有意水準：5％）

n	$k'=1$		$k'=2$		$k'=3$		$k'=4$		$k'=5$	
	d_L	d_U	d_L	d_U	d_L	d_U	d_L	d_U	d_L	d_U
15	1.08	1.36	0.95	1.54	0.82	1.75	0.69	1.97	0.56	2.21
16	1.10	1.37	0.98	1.54	0.86	1.73	0.74	1.93	0.62	2.15
17	1.13	1.38	1.02	1.54	0.90	1.71	0.78	1.90	0.67	2.10
18	1.16	1.39	1.05	1.53	0.93	1.69	0.82	1.87	0.71	2.06
19	1.18	1.40	1.08	1.53	0.97	1.68	0.86	1.85	0.75	2.02
20	1.20	1.41	1.10	1.54	1.00	1.68	0.90	1.83	0.79	1.99
21	1.22	1.42	1.13	1.54	1.03	1.67	0.93	1.81	0.83	1.96
22	1.24	1.43	1.15	1.54	1.05	1.66	0.96	1.80	0.86	1.94
23	1.26	1.44	1.17	1.54	1.08	1.66	0.99	1.79	0.90	1.92
24	1.27	1.45	1.19	1.55	1.10	1.66	1.01	1.78	0.93	1.90
25	1.29	1.45	1.21	1.55	1.12	1.66	1.04	1.77	0.95	1.89
26	1.30	1.46	1.22	1.55	1.14	1.65	1.06	1.76	0.98	1.88
27	1.32	1.47	1.24	1.56	1.16	1.65	1.08	1.76	1.01	1.86
28	1.33	1.48	1.26	1.56	1.18	1.65	1.10	1.75	1.03	1.85
29	1.34	1.48	1.27	1.56	1.20	1.65	1.12	1.74	1.05	1.84
30	1.35	1.49	1.28	1.57	1.21	1.65	1.14	1.74	1.07	1.83
31	1.36	1.50	1.30	1.57	1.23	1.65	1.16	1.74	1.09	1.83
32	1.37	1.50	1.31	1.57	1.24	1.65	1.18	1.73	1.11	1.82
33	1.38	1.51	1.32	1.58	1.26	1.65	1.19	1.73	1.13	1.81
34	1.39	1.51	1.33	1.58	1.27	1.65	1.21	1.73	1.15	1.81
35	1.40	1.52	1.34	1.58	1.28	1.65	1.22	1.73	1.16	1.80
36	1.41	1.52	1.35	1.59	1.29	1.65	1.24	1.73	1.18	1.80
37	1.42	1.53	1.36	1.59	1.31	1.66	1.25	1.72	1.19	1.80
38	1.43	1.54	1.37	1.59	1.32	1.66	1.26	1.72	1.21	1.79
39	1.43	1.54	1.38	1.60	1.33	1.66	1.27	1.72	1.22	1.79
40	1.44	1.54	1.39	1.60	1.34	1.66	1.29	1.72	1.23	1.79
45	1.48	1.57	1.43	1.62	1.38	1.67	1.34	1.72	1.29	1.78
50	1.50	1.59	1.46	1.63	1.42	1.67	1.38	1.72	1.34	1.77
55	1.53	1.60	1.49	1.64	1.45	1.68	1.41	1.72	1.38	1.77
60	1.55	1.62	1.51	1.65	1.48	1.69	1.44	1.73	1.41	1.77
65	1.57	1.63	1.54	1.66	1.50	1.70	1.47	1.73	1.44	1.77
70	1.58	1.64	1.55	1.67	1.52	1.70	1.49	1.74	1.46	1.77
75	1.60	1.65	1.57	1.68	1.54	1.71	1.51	1.74	1.49	1.77
80	1.61	1.66	1.59	1.69	1.56	1.72	1.53	1.74	1.51	1.77
85	1.62	1.67	1.60	1.70	1.57	1.72	1.55	1.75	1.52	1.77
90	1.63	1.68	1.61	1.70	1.59	1.73	1.57	1.75	1.54	1.78
95	1.64	1.69	1.62	1.71	1.60	1.73	1.58	1.75	1.56	1.78
100	1.65	1.69	1.63	1.72	1.61	1.74	1.59	1.76	1.57	1.78

k' は独立変数の数

（*Biometrika* およびダービン教授より許可を得て転載）

Ⅱ　ダービン・ワトソン比率の d_L および d_U
（有意水準：1％）

n	$k'=1$		$k'=2$		$k'=3$		$k'=4$		$k'=5$	
	d_L	d_U	d_L	d_U	d_L	d_U	d_L	d_U	d_L	d_U
15	0.81	1.07	0.70	1.25	0.59	1.46	0.49	1.70	0.39	1.96
16	0.84	1.09	0.74	1.25	0.63	1.44	0.53	1.66	0.44	1.90
17	0.87	1.10	0.77	1.25	0.67	1.43	0.57	1.63	0.48	1.85
18	0.90	1.12	0.80	1.26	0.71	1.42	0.61	1.60	0.52	1.80
19	0.93	1.13	0.83	1.26	0.74	1.41	0.65	1.58	0.56	1.77
20	0.95	1.15	0.86	1.27	0.77	1.41	0.68	1.57	0.60	1.74
21	0.97	1.16	0.89	1.27	0.80	1.41	0.72	1.55	0.63	1.71
22	1.00	1.17	0.91	1.28	0.83	1.40	0.75	1.54	0.66	1.69
23	1.02	1.19	0.94	1.29	0.86	1.40	0.77	1.53	0.70	1.67
24	1.04	1.20	0.96	1.30	0.88	1.41	0.80	1.53	0.72	1.66
25	1.05	1.21	0.98	1.30	0.90	1.41	0.83	1.52	0.75	1.65
26	1.07	1.22	1.00	1.31	0.93	1.41	0.85	1.52	0.78	1.64
27	1.09	1.23	1.02	1.32	0.95	1.41	0.88	1.51	0.81	1.63
28	1.10	1.24	1.04	1.32	0.97	1.41	0.90	1.51	0.83	1.62
29	1.12	1.25	1.05	1.33	0.99	1.42	0.92	1.51	0.85	1.61
30	1.13	1.26	1.07	1.34	1.01	1.42	0.94	1.51	0.88	1.61
31	1.15	1.27	1.08	1.34	1.02	1.42	0.96	1.51	0.90	1.60
32	1.16	1.28	1.10	1.35	1.04	1.43	0.98	1.51	0.92	1.60
33	1.17	1.29	1.11	1.36	1.05	1.43	1.00	1.51	0.94	1.59
34	1.18	1.30	1.13	1.36	1.07	1.43	1.01	1.51	0.95	1.59
35	1.19	1.31	1.14	1.37	1.08	1.44	1.03	1.51	0.97	1.59
36	1.21	1.32	1.15	1.38	1.10	1.44	1.04	1.51	0.99	1.59
37	1.22	1.32	1.16	1.38	1.11	1.45	1.06	1.51	1.00	1.59
38	1.23	1.33	1.18	1.39	1.12	1.45	1.07	1.52	1.02	1.58
39	1.24	1.34	1.19	1.39	1.14	1.45	1.09	1.52	1.03	1.58
40	1.25	1.34	1.20	1.40	1.15	1.46	1.10	1.52	1.05	1.58
45	1.29	1.38	1.24	1.42	1.20	1.48	1.16	1.53	1.11	1.58
50	1.32	1.40	1.28	1.45	1.24	1.49	1.20	1.54	1.16	1.59
55	1.36	1.43	1.32	1.47	1.28	1.51	1.25	1.55	1.21	1.59
60	1.38	1.45	1.35	1.48	1.32	1.52	1.28	1.56	1.25	1.60
65	1.41	1.47	1.38	1.50	1.35	1.53	1.31	1.57	1.28	1.61
70	1.43	1.49	1.40	1.52	1.37	1.55	1.34	1.58	1.31	1.61
75	1.45	1.50	1.42	1.53	1.39	1.56	1.37	1.59	1.34	1.62
80	1.47	1.52	1.44	1.54	1.42	1.57	1.39	1.60	1.36	1.62
85	1.48	1.53	1.46	1.55	1.43	1.58	1.41	1.60	1.39	1.63
90	1.50	1.54	1.47	1.56	1.45	1.59	1.43	1.61	1.41	1.64
95	1.51	1.55	1.49	1.57	1.47	1.60	1.45	1.62	1.42	1.64
100	1.52	1.56	1.50	1.58	1.48	1.60	1.46	1.63	1.44	1.65

索　　引

同じ用語が 2 ページ以上にわたって登場する場
合は，原則として最初のページだけを示した.

本書は1966年2月に，日本経済新聞社より日経文庫として刊行された『経営学入門シリーズ　計量経済学入門』を，加筆・修正のうえ刊行したものです．

著者略歴
宮川公男（みやかわ・ただお）

　昭和28年一橋大学経済学部卒業．商学博士．現在，一橋大学名誉教授，麗澤大学名誉教授．財団法人統計研究会理事長，経営情報学会会長，経済企画庁経済研究所システム分析調査室室長，財団法人医療経済研究機構評議員会長などの要職を歴任．

　主な著書に『意思決定の経済学Ⅰ・Ⅱ』丸善，『オペレーションズ・リサーチ』春秋社，『基本統計学［第5版］』有斐閣，『政策科学入門』東洋経済新報社，『統計学の日本史』東京大学出版会，『不確かさの時代の資本主義』東京大学出版会，『意思決定論（新版）』中央経済社，『経営情報システム』中央経済社，『OR入門』丸善出版などがある．

　主な訳書にハイルブローナー『企業文明の没落』東洋経済新報社，ハイルブローナー『未来へのビジョン──遠い過去，昨日，今日，明日』東洋経済新報社，フリードマン『消費の経済理論──消費函数』巌松堂などがある．

計量経済学入門

令和6年6月25日　発　行

著　者　宮　川　公　男

発行者　池　田　和　博

発行所　丸善出版株式会社
　　　　〒101-0051　東京都千代田区神田神保町二丁目17番
　　　　編集：電話(03)3512-3266／FAX(03)3512-3272
　　　　営業：電話(03)3512-3256／FAX(03)3512-3270
　　　　https://www.maruzen-publishing.co.jp

組版印刷・創栄図書印刷株式会社／製本・株式会社 松岳社

ISBN 978-4-621-30973-5　C 3033　　　　Printed in Japan